# 身近な人が障害をもったときの手続きのすべて

しおん社会福祉士事務所
監修 鈴木四季

備えて安心

自由国民社

# はじめに

　「障害」という言葉を聞いた時に、今のあなたの生活や人生には関わりがないことと思われますか。これから歳を重ねていく中で、自分自身あるいは、大切な身近な人が障害をもつ可能性は少なからずあります。「障害」は、生まれながらの先天的な障害だけではなく、年齢や性別などに関係なく、事故や疾病などによって、学業や就労の半ばで障害を持つこともあります。また、自分自身のことだけではなく、生活を共にする配偶者や家族など身近な人である場合もあります。障害（者）は、特別な存在ではありません。

　『障害者白書』内閣府の障害者の状況データ（平成29年度）では、国が把握しているだけでも、身体障害者392万2千人、知的障害者74万1千人、精神障害者392万4千人となっています。日本国民の6.7％、おおよそ15人に1人が何らかの障害があるということになります。

　先般、パラリンピックが閉幕しました。身体障害を持っている選手も、それぞれの競技で、障害の種類、部位、程度ごとに活躍しています。「障害」は、大きく区分すると身体障害だけではなく、精神障害や知的障害、発達障害など多種多様です。それぞれ障害によって障害特性（困難なことなど）があり、仕事や学校など社会生活の中で配慮しなくてはならないこともあります。

　では、障害があることで、社会生活が極端に制限されてしまうのでしょうか。障害はあるけれど特定の専門分野で大いに活躍の場を得ている人もいます。たとえば、有名なハリウッドスターが読字障害（ディスレクシア)であったり……。現代では、本人の障害に対する姿勢や周りの理解で、課題を抱えながらも多くの人が活躍できる多様性（ダ

イバーシティ）の社会といえます。

　人生のなかばで障害をもった場合、生活環境の再構築が強いられます。また、本人がいかに障害を受け入れるか、障害受容の過程で、こころの大きな難関もあります。一般的に、中途での障害者は、「そんなことはない」（拒否）からはじまり、「なぜなんだ」（怒り）と自分や身近な人に感情をぶつけ、「どうにでもなれ」（回避）という段階を踏み、そして、自分の障害の現状を受け入れると言われています。家族や友人など身近な人が、時につかず、時に離れず、見守りをしつつ、よいタイミングでフォローすることが肝要です。準備も必要です。

　身近にいる大切な人が、障害をもった時に、これからの生活環境を整えるための医療や介護のこと、経済的なこと、仕事や社会交流など、さまざまな「どうしよう」という問題が生じます。本著は、これらの課題に対して、相談機関や活用できる諸制度の手続きなどを具体的にわかりやすく説明しています。

　私は30余年、福祉の現場で障害をもつ子どもから高齢者まで多様な支援に携わってきました。障害があっても、ありのままに活き活きと生活をしている方々から、多くのことを教えられました。感謝です。障害を持つ方々のこれからの有意義な生活の手助けとして、本著を活用していただければ幸甚です。

　2018年5月

しおん社会福祉士事務所　代表
鈴木　四季

# 身近な人が障害をもったときの手続きのすべて

**CONTENTS**

はじめに …………………………………………………………………2

● 巻頭チャート
障害者の福祉サービスのあらまし ……………………………10
障害者の福祉施策の流れ …………………………………………12
**コラム** ノーマライゼーションから広がった障害のとらえ方………14

## 第1章 身近な人が障害をもったら　15

● 障害の受容
「障害者」にマイナスイメージをもたないで ………………………16
生活を安定させるために障害と向き合いましょう …………………18

● 障害者の法律
障害者に関する法律にはどのようなものがあるか？ ………………20

● 公的支援制度
障害者の「困った」を支援するサービスのいろいろ ………………22

● 福祉窓口への相談
市区町村の福祉窓口に相談に行くことから …………………………24
**コラム** 虐待とは、どのようなことか……………………………26

## 第2章
# 障害者手帳とはどういうもの？　27

### ● 障害者手帳の基礎知識
障害が残ったら迷わず障害者手帳を申請する ………………………28
「身体障害者手帳」のあらましと申請方法 ……………………………30
「療育手帳」のあらましと申請方法 ……………………………………34
「精神障害者保健福祉手帳」のあらましと申請方法 …………………37
発達障害者や高次脳機能障害も手帳は取得できる …………………40

### ● 障害者手帳によるサービス
障害者手帳によるさまざまなサービス …………………………………44

## 第3章
# どんな人が障害者手帳を申請できるの？　47

### ● 視覚障害
両目がほとんど見えなくなりました ……………………………………48

### ● 聴覚障害
両耳がほとんど聞こえなくなりました …………………………………50

### ● 平衡機能障害
10メートルも歩かないうちによろめいて転倒します …………………51

### ● 音声機能・言語機能・そしゃく機能の障害
話すことやそしゃくすることができなくなりました …………………52

### ● 肢体不自由
体幹に機能障害があり、立つことができません ………………………53
手が自由に使えなくなりました …………………………………………54
足が自由に使えなくなりました …………………………………………56

- **内部疾患**
心臓の病気でペースメーカーを使っています …………………………58
じん臓の病気で人工透析を受けることになりました ………………60
呼吸が困難で在宅酸素療法を受けています ……………………………62
小腸を切除したので中心静脈栄養法を行っています …………………63
大腸がんの治療で人工肛門を造設しました ……………………………64
エイズによって免疫機能に障害があります ……………………………66
肝硬変により肝臓の機能に障害が残りました …………………………67

- **知的障害**
身近な人に知的能力の遅滞が見られます ………………………………68

- **精神障害**
強いうつ症状で働くことができません …………………………………71

- **発達障害**
発達障害と診断されましたが、手帳は申請できますか？ ……………74

## 第4章
# 障害者総合支援法の基本を知ろう   75

- **障害者総合支援法の基本**
「障害者総合支援法」とはどんな法律ですか？ ………………………76
対象となるのはどんな人ですか？………………………………………78
対象となるサービスはどのようなものですか？………………………80
相談支援とはどのようなサービスですか？……………………………82
補装具（福祉用具・自助具）の支援が受けられるでしょうか？………84

- **サービスの利用**
サービスにかかる費用はどれくらい負担するのですか？……………86
経済的に費用の負担が難しい人はどうしたらいいですか？…………88
サービスを利用するときはどのような手続きが必要ですか？………90
障害支援区分の認定とはどのようなことですか？……………………92

サービス利用の申請はどのようにすればよいですか?……………………94

## 第5章
# 医療面で利用できるサービス 97

● 医療費
交通事故によるケガの後遺症への補償はある? ……………………98
仕事中や通勤途中でのケガに対する補償って? ……………………100
医療費の自己負担額を減らす制度があるって本当?…………………102
医療費と介護費をまとめて負担を軽くする制度がある?……………104
訪問看護やリハビリって医療保険でも受けられる? ………………106
入院して会社を休んだときに支給される手当がある?………………108

● 自立支援医療
障害者総合支援法にも医療的支援があるのですか?…………………110

## 第6章
# 働くために利用したいサービス 113

● 給付や手当
退職後、「失業保険」を受給する方法は? ……………………………114
求職中に受給できる手当にはどのようなものがある? ……………116
求職者給付以外にも就職活動に役立つ手当がある?…………………118

● 就労支援
「障害者雇用促進法」ってどんな法律?…………………………………120
就職を希望するときはどこに相談すればよい? ……………………122
就職後、実際に仕事を続けられるか不安です…………………………124
障害者のための職業訓練を行っている施設はある?…………………126

● 訓練等給付（障害者総合支援法）
自立に向けて訓練を受けられるサービスはありますか? …………128

知的障害者や精神障害者が利用できるサービスはありますか?……130
就労に向けてのサービスはありますか? ……………………………132

### 第7章
# 介護を受けたいときのサービス
**135**

● 介護給付（障害者総合支援法）
65歳未満でも介護サービスは利用できますか? …………………136
障害福祉サービスにも訪問サービスはありますか? ……………138
外出時にサポートしてくれるサービスはありますか? …………140
通って受けられる介護サービスはありますか? …………………142
施設などに入所することで受けられる
介護サービスはありますか?………………………………………144

● 介護保険
障害者福祉サービスの利用者も介護保険サービスを利用できる?…146
障害者福祉サービスと介護保険の使い分けは?……………………148
介護保険が必要になったときの手続きって? ……………………150
介護保険の申請から利用開始までの流れって? …………………152
介護保険サービスにはどのようなものがある? …………………154

### 第8章
# 明日からの生活の支えになる**障害年金**
**157**

● 年金の基礎知識
公的年金のしくみはこうなっています………………………………158

● 受給要件
障害年金はどんなときにもらえますか?……………………………160
「初診日」の考え方について教えてください………………………162
保険料納付要件が問われます…………………………………………164

障害の程度で年金額が決まります……………………………………166

### ● 障害年金の金額 ●
国民年金の障害年金はいくらもらえますか?……………………………168
障害厚生年金はいくらもらえますか? ……………………………………170

### ● 障害年金の請求 ●
障害年金の請求方法を教えてください……………………………………172
障害年金の請求で最初に行うこと…………………………………………174
初診日の証明をするための書類とは………………………………………176
年金請求提出に必要な書類とは……………………………………………178
請求から支給までの流れを教えてください ……………………………180
障害年金の決定に不服がある場合はどうしますか?……………………182
受給後、障害の程度が変わったときは? …………………………………184
ほかの社会保障との調整の仕方は? ………………………………………186

さくいん………………………………………………………………………188

# 障害者の福祉サービスのあらまし

　病気やケガで障害が残った場合、だれでもひとしく自立した生活を営めるようにさまざまな支援サービスが整備されています。大きくは障害者手帳で受けられるサービス、障害者総合支援法に保障されたサービス、そして、各自治体で実施している障害者サービスです。高齢者など、介護保険の被保険者の場合は、申請後の介護認定によって各種の介護・介護予防サービスが利用できます。

　さらに、障害者になったときの生活面での支援を目的に障害年金制度も整備されています。初診日に保険料を支払っているなどの要件を満たしていたら障害基礎年金が受給でき、会社員や公務員であれば障害厚生年金を上乗せして受給できます。

| 障害児（先天的障害がある、など） | ― 児童福祉法 ― | 障害者（児） |

※知的障害者（児）などは、医療サービスを経ずに福祉サービスを受けるケースもある

| 障害者（病気やケガで障害をもった） | 要介護者 |
| | 障害者 |

巻頭チャート ● 障害者の福祉サービスのあらまし

## 障害者手帳

- 身体障害者手帳
  （身体障害者）→**30ページ**
- 療育手帳
  （知的障害者）→**34ページ**
- 精神障害者保健福祉手帳
  （精神障害者）→**37ページ**

|サービス|
・医療費などの助成→**44ページ**
・税の軽減→**44ページ**
・鉄道・バス・タクシー・航空運賃などの割引→**44ページ**
・NHK受信料・通信費など公共料金の割引・減免→**44ページ**
・博物館・テーマパークなどの入場料の割引→**44ページ**

## 障害者総合支援法

|対象者|
- 身体障害者
- 知的障害者
- 精神障害者
- 難病患者など
- 障害児

|サービス|
・介護給付→**136ページ〜**
・訓練等給付→**128ページ〜**
・自立支援医療→**110ページ**
・補装具の支給→**84ページ**
・相談支援→**82ページ**
・地域生活支援事業
　（移動支援、日中一時支援など）→**140ページ**

## 自治体の障害者サービス

各自治体で実施する障害者（児）サービス

|サービス|
・各種の手当
・医療費の助成
・日常生活の支援
・情報の支援
・交流・社会参画

## 介護保険

|対象者|
65歳以上の第1号被保険者と40歳以上65歳未満の特定疾病の第2号被保険者

|サービス|
・介護サービス（居宅・施設）→**155ページ**
・介護予防サービス→**155ページ**
・地域密着型サービス
　（居宅・介護予防・施設）→**156ページ**
・介護予防・日常生活支援事業
　→**153ページ**

## 障害年金

|対象者|
病気やケガではじめて診察を受けたとき、公的年金の加入者であり、かつ保険料を納付し障害の程度が障害の等級に該当している人

|給付|
・障害基礎年金（1級・2級）→**168ページ**
・障害厚生年金
　（1級・2級・3級・障害手当金）
　→**170ページ**

# 障害者の福祉施策の流れ

わが国の障害者の福祉施策は、福祉六法の1つに数えられる「身体障害者福祉法」(昭和24年)、「知的障害者福祉法(旧精神薄弱者福祉法)」(昭和35年)に加え、昭和25年に法令化された「精神保健福祉法(旧精神衛生法)」がはじまりです。

国連の提唱による「障害者の権利宣言」(昭和50年)、「国際障害者年」(昭

| 障害者基本法 | 「障害者対策に関する長期計画」 | 「障害者対策に関する新長期計画(第1次計画)」 |
|---|---|---|
| (「心身障害者対策基本法」として1970年=昭和45年に制定) | (1983〜1992=昭和58〜平成4) | (1993〜2002=平成5〜14) |

1975(昭和50)年 — 障害者の権利宣言：国連にて「障害者の権利宣言」を採択

1981(昭和56)年 — 国際障害者年：国連が国際年に「障害者年」を指定

1993(平成5)年 — 1970年に制定された障害者基本法成立：「心身障害者対策基本法」が一部改正され、改題された

**身体障害者手帳の法律のはじまり**
身体障害者福祉法 — 1949(昭和24)年

知的障害者福祉法 — ※「精神薄弱者福祉法」として1960(昭和35)年に制定

精神保健福祉法 — ※「精神衛生法」として1950(昭和25)年に制定

**精神保健福祉手帳のはじまり**
精神保健法(精神衛生法からの改正。社会復帰施設の法定化) — 1987(昭和62)年

知的障害者福祉法(精神薄弱者福祉法が精神薄弱の用語の整理のための関係法律の一部を改正) — 1998(平成10)年

精神保健福祉法(精神保健法から精神保健福祉法へ＝手帳制度の創設) — 1995(平成7)年

● 障害者の雇用についての法律

| 身体障害者雇用促進法 | 努力目標が法的義務に | 「障害者雇用促進法」(障害者の雇用の促進等に関する法律)に改正、改題 |
|---|---|---|
| (当初は事業者の努力目標だった)1960(昭和35)年 | 1976(昭和51)年 | (知的障害者も適用対象になる)1987(昭和62)年 |

和56年）といった国際的な宣言などを具体的な施策とするために、わが国では、前述の3つの法律が整理され、「障害者基本法」（平成5年）が制定されました。

さらに、サービス提供のあり方の見直しが行われ、行政が決定し利用者にサービスを提供する「措置制度」から、利用者自身がサービスを選択する「契約制度」に移行され、「障害者自立支援法」（平成18年）「障害者総合支援法」（平成25年）へと制度は進化しています。

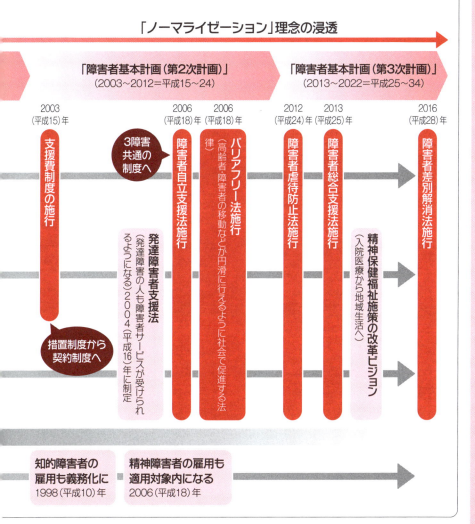

巻頭チャート●障害者の福祉施策の流れ

# ノーマライゼーションから広がった障害のとらえ方

　大学食堂で、福祉を学んでいる2人の学生の会話が耳に入りました。
A「いつも、頭を洗うときにさ、シャンプーとリンス（コンディショナー）を間違えちゃうんだよね。コンタクトを外してるし、容器の形が同じだから不便だよね」
S「知らないの。ほとんどのシャンプーの容器の方には、指先で触ってわかるように容器の横にギザギザのでっぱりがついているよ。あれってさ、授業で話をしていた**ユニバーサルデザイン**なんだって」
A「なるほどね。目の不自由な人のためだけのものかと思っていた。障害者だけのためではなく、みんなも使えて便利なのがユニバーサルデザインなんだね」
S「シャンプーのギザギザの容器デザインは、初めに作った企業が実用新案の申請を取り下げたから、各メーカーに広まったんだって」
A「障害って特別な社会の中のことかと思ってたけど、私たちと同じように日常生活の中のことなんだね。先生が、（障害者も）ごく当たり前の生活すること、それが**ノーマライゼーション**と言ってたけど、そういうことなんだね」
S「ノーマライゼーションの考えの以前は、障害者は、社会の中ではなく、大規模な施設に「保護」という建前で収容されていた時代もあったって講義で言ってたね」
A「障害者は、社会の中での不利益だけでなく、日常の生活でも私たちが思いもつかないバリア（障壁）があるんだね」
S「今の日本でも、公共施設だけでなく、みんなが利用するあらゆる所の**バリアフリー**化や、**障害者差別を禁止する法律**ができてるね」
A「でもね、障害をもつ人も持たない人〈事業者〉も、一人ひとりの特徴や場面に応じて発生する困難さは違うよね。それを取り除くためには、個別の調整や変更も大切で、これを**合理的配慮**って言うんだ」
S「へぇ〜、シャンプーのギザギザは知らないのに合理的配慮は知っているんだ。障害をもつ人や特別な配慮が必要な人たちを社会から切り離すのではなく、社会の中で、認め合って共に生きるということが健全な社会なんだと思うけど、どう思う」

　　　　　　　　　　（鈴木四季）

第1章

# 身近な人が障害をもったら

## 障害の受容

# 「障害者」にマイナスイメージをもたないで

病気やケガはだれにでも起こります。治っても障害が残ったら、生活が困難になるケースは多いものです。障害を受け入れるための時間はそれぞれでしょうが、公的な福祉サービスを利用して早く生活を安定させましょう。

### 「障害者」になることを拒否する人でも

　病気やケガが治っても、医師から障害が残ると言われたら、だれでも大きな衝撃を受けるでしょう。これまでと同じ仕事が続けられなくなることもあります。また、余暇の楽しみだったスポーツや趣味に制限ができ、人生設計も大きく変わってくるでしょう。ネガティブに考えてしまうのはやむを得ないことです。

　さらに「障害者」ということばにマイナスの印象をもち、「障害者」に見られるのを嫌悪する人もいます。とくに、精神障害の患者さんのなかには、障害者という印象を嫌い、障害手帳を申請しない人もいますが、そうした人でも障害者総合支援法による福祉サービスは利用できるので、市区町村の福祉担当窓口に相談に行くとよいでしょう。

### 身近な人こそ冷静になって障害者に対して適切な理解を

　本人がきちんと障害を受け入れるためにもっとも大切なのは、本人や身近な家族が「障害」あるいは「障害者」を正しく理解することです。右のページの「障害者基本法」の第一条（目的）の**「全ての国民が、障害の有無にかかわらず、等しく基本的人権を享有するかけがえのない個人として尊重されるものである」**と、あるとおり、障害のある人もない人も等しく個人として尊重されなくてはいけません。

　「障害者だから」とマイナスのイメージをもつ必要はありません。もちろん、身近な家族も同様で、「少し不便になった」程度に障害を理解し、障害者が生きるために必要な公的なサービスを上手に活用して安定した生活をめざすことが大切です。

# 障害者基本法 (昭和45年5月21日法律第八十四号)

## 第一章　総則

### 第一条（目的）

この法律は、**全ての国民が、障害の有無にかかわらず、等しく基本的人権を享有するかけがえのない個人として尊重されるもの** であるとの理念にのっとり、全ての国民が、障害の有無によって分け隔てられることなく、相互に人格と個性を尊重し合いながら共生する社会を実現するため、障害者の自立及び社会参加の支援等のための施策に関し、基本原則を定め、及び国、地方公共団体等の責務を明らかにするとともに、障害者の自立及び社会参加の支援等のための施策の基本となる事項を定めること等により、障害者の自立及び社会参加の支援等のための施策を総合的かつ計画的に推進することを目的とする。

### 第二条（定義）

この法律において、次の各号に掲げる用語の意義は、それぞれ当該各号に定めるところによる。

1　障害者　身体障害、知的障害、精神障害（発達障害を含む。）その他の心身の機能の障害（以下「障害」と総称する。）がある者であって、**障害及び社会的障壁により継続的に日常生活又は社会生活に相当な制限を受ける状態にあるものをいう。**

2　社会的障壁　障害がある者にとって日常生活又は社会生活を営む上で障壁となるような社会における**事物、制度、慣行、観念**その他一切のものをいう。

### 第三条（地域社会における共生等）

第一条に規定する社会の実現は、**全ての障害者が、障害者でない者と等しく、基本的人権を享有する個人としてその尊厳が重んぜられ、その尊厳にふさわしい生活を保障される権利を有する**ことを前提としつつ、次に掲げる事項を旨として図られなければならない。

1　全て障害者は、社会を構成する一員として社会、経済、文化その他あらゆる分野の活動に参加する機会が確保されること。

2　全て障害者は、可能な限り、どこで誰と生活するかについての選択の機会が確保され、地域社会において他の人々と共生することを妨げられないこと。

3　全て障害者は、可能な限り、言語（手話を含む。）その他の意思疎通のための手段についての選択の機会が確保されるとともに、情報の取得又は利用のための手段についての選択の機会の拡大が図られること。

### 第四条（差別の禁止）

**何人も、障害者に対して、障害を理由として、差別することその他の権利利益を侵害する行為をしてはならない。**

1　社会的障壁の除去は、それを必要としている障害者が現に存し、かつ、その実施に伴う負担が過重でないときは、それを怠ることによって前項の規定に違反することとならないよう、その実施について必要かつ合理的な配慮がされなければならない。

2　国は、第一項の規定に違反する行為の防止に関する啓発及び知識の普及を図るため、当該行為の防止を図るために必要となる情報の収集、整理及び提供を行うものとする。

### 第五条（国際的協調）

第一条に規定する社会の実現は、そのための施策が国際社会における取組と密接な関係を有していることに鑑み、国際的協調の下に図られなければならない。

### 第六条（国及び地方公共団体の責務）

国及び地方公共団体は、第一条に規定する社会の実現を図るため、前三条に定める基本原則（以下「基本原則」という。）にのっとり、障害者の自立及び社会参加の支援等のための施策を総合的かつ計画的に実施する責務を有する。

以下　本文省略
第七条（国民の理解）
第八条（国民の責務）
第九条（障害者週間）
第十条（施策の基本方針）
十一条（障害者基本計画等）
十二条（法制上の措置等）
一三条（年次報告）

（最終改正：平成25年6月26日法律第六十五号）

第1章　身近な人が障害をもったら●「障害者」にマイナスイメージをもたないで

障害の受容

# 生活を安定させるために障害と向き合いましょう

障害への向き合い方はさまざまですが、生活を安定させて自立した生き方をしたいとだれもが願うでしょう。生活環境を整えるために各種の制度を活用していきましょう。

## 障害を受け入れ生き方を肯定していく

　病気やケガで障害が残ったら、本人も身近な人も、障害をもつことで、いままでの生活が大きく変わります。これまでの仕事が続けられないことも多いので、日々の生活費や医療・介護費用の支出など具体的な問題が迫ってきます。ただし、障害を受け入れるには個人差があり、一般的には「ショック」→「否認」→「混乱」→「努力」→「受容」というプロセスを踏むため、受容には一定の時間が必要と言われています。すぐに具体的な問題に立ち向かえというのも難しい面もあります。

　生活を安定させるためには、年金や手当などの公的なサービスを上手に活用しましょう。働けるような状態であれば就労支援サービスを利用し、自分に合った仕事を探すこともできます。また、医療や介護が必要な状態であれば諸制度を活用して各種のサービスを利用することもできます。いずれにしても、心身が安定していたら、市区町村の窓口や関係機関に相談に行くことが大切です。

## 身近な人は、本人が前向きに生きられるように支える

　家族など身近な人は、障害をもった本人の心のケアをするとともに、タイミングをみて仕事のこと、お金のこと、リハビリのことなどについて、いまは何が必要で、不安はどのようなことなのか具体的に話すことが大切です。いずれにしても、身体や精神に障害がある場合、身近な人がサポートできればより社会への復帰がしやすくなります。本人も家族も障害者に関係する法律や制度をよく知り、サービスを上手に活用するようにしましょう。

# 障害をもった人の考え方

| 障害を否定的に考えてしまう | | 障害を受け入れ生き方を肯定していく |
|---|---|---|
|  | |  |
| ・いつまでも障害を受け入れられず生活を立て直すことができない<br>・引きこもり（社会・家族との交流の拒否） | 精神面 → | ・障害を認め現実を受け入れる<br>・自分から進んで生活を立て直そうとする |
| ・以前の仕事ができなくなり、経済面で困窮する | 経済面 → | ・経済的な不安を解消するため、障害者への手当や年金を申請する<br>・生活を安定させるために早く就労をめざす |
| ・以前のような仕事にこだわりなかなか就労に結びつかない<br>・どうせ仕事は無理と就労をあきらめてしまう | 就労 → | ・以前の仕事が困難なら新しい仕事への就労を考える<br>・就労支援サービスを活用し障害者雇用制度を活用する |
| ・障害から外出を控えるようになり、友人などとの交流が減る<br>・趣味や旅行などを楽しむ気持ちになれない | 生活 → | ・障害者の集いなどにも積極的に参加し、新しい交流を広げる<br>・障害者手帳による運賃や博物館などの入場料の割引制度を利用し積極的に余暇を楽しむ |
| ・相談に行かず、どんなサービスがあるのかもよくわからない<br>・いつも受け身で自分から進んで申請しない | 障害者支援サービス → | ・「障害」と知ったらすぐに自治体に相談に行き、障害者支援サービスについてよく勉強する<br>・サービスを積極的に活用し、自立した生活をめざす |

第1章 身近な人が障害をもったら ● 生活を安定させるために障害と向き合いましょう

# 障害者に関する法律には どのようなものがあるか?

障害をもったら知っておきたいのは、「障害者手帳」という制度と「障害者総合支援法」という法律。障害者手帳を取得すれば各種の優遇を受けられ、自立した生活を維持するために総合支援法によるサービスが利用できます。

## 障害者手帳制度とは?

障害者を支援する法律や制度は複数ありますが、実際にサービスを利用するうえで知っておかなくてはならないのが「**障害者手帳制度**」と「**障害者総合支援法**」に基づく障害福祉サービスです。

障害者手帳を取得することで、各種の手当、税の軽減、公共料金の減免や運賃の割引、就労支援などが受けられます。総合支援法のサービスのなかでも、手帳の取得が条件となっているサービスもあるので、公的な支援サービスを利用する場合は、早い段階で「障害者手帳」を申請し取得したほうが安心です。

障害者手帳には、身体障害者が取得する「**身体障害者手帳**」、知的障害者の「**療育手帳**」、精神障害者の「**精神障害者保健福祉手帳**」があります。

「身体」と「精神」は、それぞれ「身体障害者福祉法」「精神保健福祉法」が法律の根拠になっていますが、「療育手帳」は厚生省の省令を根拠とするものなので、制度は自治体によって多少違い、手帳の名前も、東京都では「愛の手帳」、埼玉県では「療育手帳(旧みどりの手帳)」などとなっています。

## 障害者総合支援法による障害福祉サービス

2013年に施行された「障害者総合支援法」は、身体障害者福祉法など障害者の法律に基づく福祉サービスを、自立支援という視点で一元化した法律です。対象となる障害は、身体障害・知的障害・精神障害に加え、発達障害・難病等・高次脳機能障害ですが、症状が安定せず障害者手帳が取得できない人でも障害福祉サービスが利用できます。

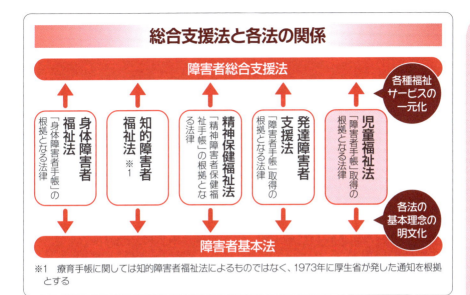

## 障害福祉サービスを申請できる人

| 障害者 | 身体障害者 | ・身体障害者手帳取得者（18歳以上の場合は必須） |
|---|---|---|
| | 知的障害者 | ・療育手帳取得者<br>※手帳を取得していない場合、市区町村が必要に応じて医師の意見書によって確認する |
| | 精神障害者 | ・精神障害者保健福祉手帳取得者<br>※手帳を取得していない場合は次のような書類で確認が行われる<br>①障害年金を受けている人は年金証書など<br>②特別障害給付金を受けている人はそれを証明する書類<br>③自立支援医療受給者証<br>④医師の診断書 |
| | 発達障害者 | ・精神障害者保健福祉手帳あるいは療育手帳の取得者<br>※手帳を取得していない場合、市区町村が必要に応じて医師の意見書によって確認する |
| | 高次脳機能障害者 | ・精神障害者保健福祉手帳あるいは療育手帳の取得者<br>※高次脳機能障害により日常生活や社会生活に制限のある18歳以上の人。手帳の所持は給付の要件ではない |
| | 難病患者 | ・医師の診断書、特定疾患医療受給者証などによって確認 |
| 障害児 | | ・障害者手帳の取得者<br>※手帳を取得していない場合でも、年齢などを考慮し、市区町村、児童相談所によって支援が必要と認めた者が対象となる |

## 公的支援制度

# 障害者の「困った」を支援するサービスのいろいろ

障害をもったら、いままでと同じ生活が続けられないことがあります。仕事を辞めなくてはならなくなれば、生活は困窮します。医療費の負担も少なくありません。公的な支援制度を積極的に利用し、生活の安定を図りましょう。

### 病気やケガでまず迫られるのが医療費の負担

病気やケガで入院したら、まず迫られるのが医療費の負担です。手術など治療を受ければ、治療費が100万円を超えることもあり、自己負担は3割で30万円以上になります。

ただ医療保険の「高額療養費制度」を利用すれば、一般所得の人ならおおむね1カ月10万円以内ですみます。働けない状態なら、サラリーマン（被用者保険の加入者）などであれば「傷病手当金」が支給されます。

そして、障害が認定されたら、障害を除去・軽減するために医療費の自己負担分を軽減する「自立支援医療」が利用できます。さらに各自治体の医療費の助成を受ければ、医療費にかかる負担は軽くなります。

### 家計を安定させるために公的な支援制度を利用

医療費の負担を軽くしたら、家計を安定させるために仕事について考えましょう。これまでの仕事が続けられるならよいのですが、続けられない場合はハローワークで障害者の就労支援制度を利用したり、「障害者総合支援法（以下総合支援法）」の訓練等給付を受けて就労支援を受ける方法があります。

大きく収入が減った場合は、各自治体で実施している障害者のための手当や、障害年金を受給し、生活を安定させましょう。また、住民税などの控除や自動車税などの減免も受けられる場合があります。

さらに、総合支援法では、サービスを利用するための相談（計画相談支援）などの支援も受けられます。

## 障害をもって困ること

### 医療費の負担が大変
総合支援法の「自立支援医療」が利用できるほか、各自治体で医療費の助成などが受けられます。

### 仕事を探さなくては
ハローワークの障害者支援を利用できるほか、総合支援法の「訓練等給付」を活用できます。

### 収入が大きく減った
各自治体の手当や貸付けなどの支援が受けられるほか、障害年金申請の対象になります。

### 介護が必要になった
総合支援法の「介護給付」が利用でき、高齢者の場合は介護保険のサービスが利用できます。

### 補装具（福祉用具）などが必要
総合支援法の「補装具の支給」や、各自治体が実施する「日常生活用具の給付」が受けられます。

### 外出が困難になった
総合支援法の「同行援護」や「行動援護」の利用できるほか、福祉タクシーなどが使えます。

### だれに相談したらいいかわからない
各自治体の障害者福祉担当窓口のほか、サービスを利用するにあたって「相談支援」を受けることができます。

### 税金の負担が大変
所得税・住民税や自動車取得税、自動車税、相続税などにおいて、減免や控除を受けることができます。

※各サービスを利用するには、障害の程度や手帳の取得など、一定の条件があります。

公的支援制度の利用
（障害者総合支援法・障害者手帳など）

障害のために困ることを解消し、生活の安定・生きがいのある暮らしが実現する

第1章 身近な人が障害をもったら ● 障害者の「困った」を支援するサービスのいろいろ

23

# 市区町村の福祉窓口に相談に行くことから

障害者の支援サービスを利用するには、まず市区町村の障害福祉担当窓口を訪ねましょう。可能なら身近な人が同行し、いっしょに障害者福祉サービスの全体像を把握することからはじめましょう。

## 健康状態が安定したら市区町村の窓口へ

　身体障害者は治療が終わり健康状態が安定したら、社会復帰に目を向けられますが、精神障害者の場合は、治療を継続させながら社会復帰をめざすでしょう。

　入院中であれば、公的支援サービスについて医師やソーシャルワーカーなどからアドバイスがあるでしょうが、退院していたら、自分で「支援サービス」を申請しなくてはなりません。それには、まず「障害をもったら、各種の支援サービスが受けられる」、このことを頭におきましょう。ただし、これらは「**自分から申請しないと受けられない**」という決まりなので、「住まいの市区町村の障害福祉担当窓口に相談に行く」ことからはじめましょう。1人で行くよりも、できれば配偶者など身近な人といっしょに訪問することをおすすめします。

## まずは障害者手帳の申請を

　精神障害者は状態が安定しないこともあり「障害者手帳」を取得しなくても、一定の要件が整っていれば障害者総合支援法による障害福祉サービスを利用することができます。しかし、身体障害者や知的障害者は原則、障害者手帳の取得が申請の条件になっているので、まず障害者手帳を申請しましょう。障害者手帳が申請できるのは第3章で詳しく述べますが、日常生活活動に制限のある人です。手帳には等級があり、「日常生活が極度に制限される」「日常生活や社会生活（仕事など）に著しく制限される」などによって判定されます。その等級によって利用できるサービスや手当が違ってきます。

# 障害をもったときの相談先

**①病院のケースワーカーなどに今後の生活などについて相談**

⬇

**②市区町村障害福祉担当窓口を訪問**

・1人あるいは身近な人が同行
・あらかじめ連絡しておいたほうがよい

⬇

**③病気やケガについての説明**

・病名や現在の健康状態。入院あるいは通院歴

⬇

**④障害者支援制度についての説明を受ける**

⬇　　⬇　　⬇

## ⑤障害者手帳の申請

**身体障害者手帳（身体障害者）**
申請先　市区町村の障害福祉担当窓口・福祉事務所（市区町村の役所に設置されていることが多い）

**療育手帳（知的障害者）**
申請先　市区町村の障害福祉担当窓口（自治体によって18歳未満は児童相談所・18歳以上は都道府県の知的障害者更生相談所など）

**精神障害者保健福祉手帳（精神障害者）**
申請先　市区町村の障害福祉担当窓口（自治体によって保健相談所など）

## ⑥障害者福祉サービスの利用

申請先　市区町村の障害福祉担当窓口

⬇

障害者支援区分の認定

⬇

サービス等利用計画書の作成

⬇

支給決定

⬇（サービス担当者会議など）

サービス利用の開始

## ⑦障害年金の申請

申請先　市区町村の国民年金窓口・年金事務所

　障害年金は初めて医師や歯科医師から診療を受けた日（初診日）から原則1年6カ月を経過しないと、障害認定は受けられず給付の請求はできない。被用者保険の加入者で、働けず給料が出ない場合は1年6カ月を限度に「傷病手当金」の支給がある。

# 虐待とは、どのようなことか

　親が子を虐待して、子どもがつらい思いをしている。とても、悲しい報道もある。虐待を受ける対象は子どもだけではない。往々にして、心身の弱い立場の高齢者や障害者が虐待されるケースもある。

　それぞれに虐待に関する法律もあり、**自治体の責務**で、その早期の対応やアフターフォローの方法が具体的に決められている。

　例えば障害者の虐待は、どうであろうか。親あるいは子、同居家族などの「養護者」による虐待、または「障害者福祉施設従事者等」や、障害者の雇用主や上司等の「使用者」である場合など法律でその主体が定義されている。

　緊急の程度により、その対応も違うが、いずれにせよ**早期の発見が大切**である。虐待を受けたと思われる障害者を発見した**第三者も通報が義務づけ**られている。

　特段、本人の生命が危機的な状況であれば保護（分離）となる。

　虐待をしている主体（養護者）や虐待を受けている当事者自身が虐待と自覚していない場合もある。

　交通事故で「高次脳機能障害※」になった50代男性のケース……。

　夫は障害により、今までの生活や仕事ができなくなり、当初、妻は受け止められなかった。この障害の特性を理解できなかったことや、悩みをだれにも相談できずに、いらだちから、夫を叩き、ひどい言葉を投げつけた。妻は、当時のことを思い出しては、今も心を痛めている。

　虐待している主体が、養護者の場合、何らかの悩みや問題を抱えていることもあり、同時に専門職による**養護者支援**もなされなければ、根本的な解決にならない。　　（鈴木四季）

●「虐待」とは、次に該当する5つの行為のことをいいます

| ①身体的虐待 | 暴力行為・拘束・外部との接触を遮断する行為など |
| --- | --- |
| ②心理的虐待 | 暴言・差別的な言動・脅しや侮辱などの言葉や態度、無視、嫌がらせ等によって精神的に苦痛を与えるなど |
| ③性的虐待 | 本人が同意していない性的な行為やその強要など |
| ④経済的虐待 | 本人の合意なしに年金や財産の使用、本人が希望する金銭の使用を理由なく制限するなど |
| ⑤放棄・放任（ネグレクト） | 食事などの世話をしない、長時間の放置、必要な福祉医療等サービスの利用を妨げるなど |

※認知、記憶、思考、注意の持続など、人間らしい脳の働きをする機能の障害。

第2章

# 障害者手帳とは どういうもの？

障害者手帳の基礎知識

# 障害が残ったら迷わず障害者手帳を申請する

ハンディキャップがある人は、日常生活や社会生活（職業）に生じる制限を補うために、さまざまな福祉サービスを利用することができます。その資格があるかどうかを示すのが、障害の内容に応じて交付される障害者手帳です。

## 障害者手帳はハンディキャップがあることの証明書

　障害とは、身体・知的・精神のいずれかに何らかのハンディキャップがあり、日常生活や社会生活に制限がある状態をいいます。そして、障害者手帳は、この3つの障害のいずれかであることを示す証明書です。数字またはアルファベットで障害の程度を表していて、数字（アルファベット）が若いほうが障害は重くなります。

　手帳は障害の程度を表す客観的なデータになり、このデータにより各種のサービスの提供が行われます。各種の障害福祉サービスを利用するために必要な証明書になるので、病気やケガなどによって障害が残ったら、まず申請の相談に行くことが大切です。手帳取得の条件に年齢制限はないので、だれでも申請は可能です。ただし、障害等級や年齢・所得などの条件によっては利用できないサービスもあります。

## 障害者手帳には3つの種類がある

　ハンディキャップがあることを証明する障害者手帳は、身体・知的・精神の障害ごとに3種類あります。身体では「**身体障害者手帳**」、知的

### 障害者数と手帳取得者数

|  | 身体障害児・者 | 知的障害児・者 | 精神障害者 |
| --- | --- | --- | --- |
| 障害者数 | 392.2万人 | 74.1万人 | 392.4万人 |
| 手帳取得者数 | 118.3万人 | 60万人 | 41.9万人 |

※「平成29年版障害者白書」（内閣府）より

では「療育手帳」、精神の場合は「精神障害者保健福祉手帳」が交付されます。身体障害者福祉法では、身体障害者手帳の交付を受けた人だけが、身体障害者と決められていて、手帳を持っていない人は、法律上の身体障害者とはなりません。いっぽう知的障害者の療育手帳は、法律で決められた制度ではないので、療育手帳を持たなくても、知的障害者と認められています。また、精神障害者の精神障害者保健福祉手帳とは、精神保健福祉法という法律によって決められた制度で、精神障害、うつ病、そう病、てんかんなどが対象ですが、自閉症やADHD、アスペルガー症候群などの発達障害も対象になります。

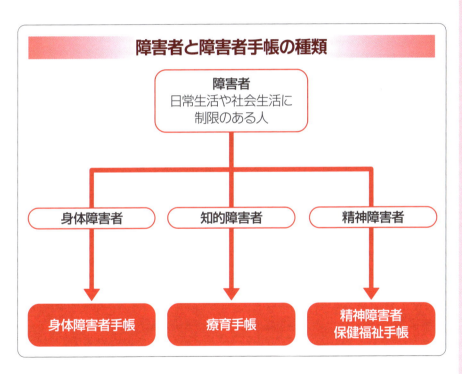

## 障害者手帳の基礎知識

# 「身体障害者手帳」の あらましと申請方法

身体障害者手帳は、身体障害者福祉法に基づき交付されます。申請窓口は市区町村の障害福祉窓口で行います。身体障害者程度等級は1～7級（7級は1つの障害では認定されない）があり、申請後、1カ月をめやすに交付されます。

## 身体障害者手帳とは？

「身体障害者手帳」とは、身体障害者福祉法によって、身体（内部疾患を含む）に障害をもつ人に対して交付される手帳で、各種の福祉サービスを受けるために必要となる証明書となります。手帳の交付対象となる障害は身体障害者福祉法によって定められていて、身体障害者程度等級表により1級から7級まで区分されています。ただし、7級の障害は1つでは手帳の対象にならず、2つ以上重複すれば6級以上の障害と認定され交付の対象になります。

## 手帳の交付対象となる障害

身体障害者手帳の交付対象となる障害は次のようなものです。障害の等級基準は第3章のそれぞれのページに詳しく解説しています。

・視覚障害→48ページ
・聴覚または平衡機能の障害→50～51ページ
・音声機能、言語機能またはそしゃく機能の障害→52ページ
・肢体不自由→53～57ページ
・心臓、じん臓または呼吸器の機能の障害→58～62ページ
・小腸の機能の障害→63ページ

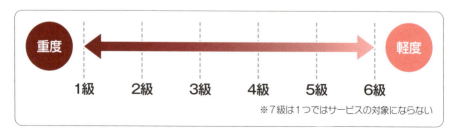

- ぼうこうまたは直腸の機能の障害→64〜65ページ
- ヒト免疫不全ウイルスによる免疫の機能の障害→66ページ
- 肝臓の機能の障害→67ページ

## 手帳が認められないケース

日常生活や社会生活に支障が出た場合でも、身体障害者手帳は一時的なものではなく、永続的な状態であることを前提にしているので、次のような場合は交付が認められないことがあります。
①障害の原因となる疾患の発病が間もない時期や乳幼児期
②障害が永続しないと考えられる場合（一時的な人工肛門の造設など）
③加齢や知的障害などに起因する日常生活動作不能の状態

## 手帳申請の手順

身体障害手帳は、市区町村の窓口に行って申請し交付を受けます。窓口に用意された「交付申請書」と専用の「診断書」を取得します。

交付申請書は、簡単な書類である市区町村がほとんどで、本人あるいは代理人が記入しますが、診断書は都道府県知事が指定した「指定医」に書いてもらいます。診断書については法律に定められたことなので、かかりつけ医がいても、指定医でなければ診断書を書いてもらうことはできません。障害者手帳を申請する

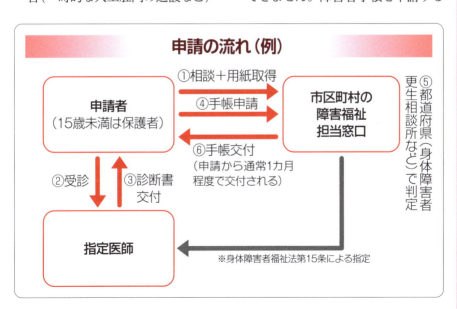

申請の流れ（例）

※身体障害者福祉法第15条による指定

ための診断書料は、助成してくれる市区町村もあるので窓口で相談しましょう。

　なお、手帳を申請する時期ですが、身体に不具合が出たあと、なるべく早く申請するのがよいですが、身体障害の場合、身体の状態が安定し障害が固定するまで通常、診断書は書いてもらえません。発症から6カ月以上がめやすとされています。ただし、「障害が固定化したと医師が判断した場合」「今後症状が変化しないペースメーカの植え込みや人工肛門の造設、四肢切断」などは、6カ月経過す

## 申請時に必要なもの

①**交付申請書**（福祉担当窓口に用意されたもの）

②**指定医が作成した診断書**（所定の様式のもの）
　※診断書の有効期限は自治体によって違う（例＝埼玉県・群馬県内の市区町村3カ月、東京都内の市区町村1年など）ので、担当窓口に確認を

③**印鑑（認め印）**　※申請者が自署であれば不要の場合もある

④**本人の顔写真（タテ4cm×ヨコ3cm）**
　※撮影から1年以内のもので、脱帽。ポラロイド写真や普通紙に印刷した写真は使用不可

⑤**マイナンバーがわかる書類**

　　　マイナンバーを確認できる、下記のいずれかの書類の提出が求められます。

●**マイナンバーがわかる書類とは？**

【個人番号カードを取得している？】

○ **個人番号カードを持っている**
個人番号カード（顔写真付きのカード。任意に取得するもの）を提示

× **個人番号カードを持っていない**
運転免許証やパスポートなど顔写真入りの証明書を持っている？

【運転免許証などを持っていますか？】

○ **持っている**
番号通知カード（あるいは個人番号入りの住民票）＋運転免許証やパスポートなど1点

× **持っていない**
番号通知カード（あるいは個人番号入りの住民票）＋健康保険証・年金手帳など2点

る前に診断書を作成してもらえます。

## 代理人が申請する場合に必要なもの

身体障害者手帳は代理人(15歳未満の児童の場合は保護者など)による申請も可能です。代理人が申請する場合は、本人による申請時に必要なものに加えて、下記のいずれかが必要です。

◆**法定代理人が申請する場合**（親権者、未成年後見人、成年後見人）

①代理人の本人確認書類（代理人の個人番号カードや運転免許証、パスポートなど）
②代理人の戸籍謄本、登記事項証明書など法定代理人であることを証明できる書類

◆**法定代理人以外が申請する場合**
（親権者以外の家族など）

①代理人の本人確認書類（代理人の個人番号カードや運転免許証、パスポートなど）
②委任状

### 新規・再交付・変更届けなどに必要な書類（例）

| 手続きの種類 | | 印かん | 写真 | 診断書 | 手帳 |
|---|---|---|---|---|---|
| 初めて交付申請するとき | | ○ | 2枚 | ○ | |
| 再交付申請 | 障害の程度が変わったとき | ○ | 1枚 | ○ | ○ |
| | 障害が追加になったとき | ○ | 1枚 | ○ | ○ |
| | 手帳を紛失したとき | ○ | 1枚 | | |
| | 手帳を破損したとき | ○ | 1枚 | | ○ |
| 変更届 | 住所が変わったとき | | | | ○ |
| | 氏名が変わったとき | | | | ○ |
| 死亡、障害に該当しなくなったとき | | | | | ○ |

※水戸市「障害者の福祉のしおり」2017年版をもとに作成

### 障害によっては再認定を受ける必要がある

医療の進歩や機能回復訓練の実施、または発育などによって、障害の程度が変化することが考えられます。そのため、交付する際に将来、障害程度に変化が予想される場合は再認定の期日(手帳交付時から1～5年)が指定されます。期日が迫ってきたら書面で通知されるので、指定医の診断を受けて診断書を再提出しなければなりません。再認定が必要な障害の場合は期日が障害手帳に記されます。

障害者手帳の基礎知識

# 「療育手帳」の あらましと申請方法

知的障害児・者に交付されるのが「療育手帳」です。国の法律を根拠にしていない手帳なので、都道府県などによって等級区分などが違います。18歳未満に発症し知能指数（IQ）がおおむね70以下が判定基準のめやすになります。

## 知的障害児・者に交付される「療育手帳」

「療育手帳」とは、知的障害児・者が一貫した指導・相談を受けながら、各種の障害福祉サービスを利用するときに必要となる手帳です。児童相談所または知的障害者更生相談所で「知的障害」と判定された人に対して、都道府県知事または政令指定都市市長から交付されます。

身体障害・精神障害はそれぞれの法律を根拠にして交付されますが、知的障害者の「療育手帳制度」は厚生事務次官通知を根拠にするもので、厚生省が示したガイドライン（技術的助言）に基づき、各都道府県などが実施要綱を定めたものです。ですから、各都道府県などによって、手帳の呼び名が違っていたり、障害の等級や判定基準が違います。

・知的障害→68ページ

## 障害の程度と交付の判定基準

厚生労働省の「療育手帳制度の概要」の資料では、重度（A）とそれ以外の（B）に区分され重度の基準は次の通りです。

●重度（A）の基準

①知的指数がおおむね35以下であって、次のいずれかに該当する者
　○食事、着脱衣、排便及び洗面等日常生活の介助を必要とする。
　○異食、興奮などの問題行動を有する。

②知能指数がおおむね50以下であって、盲、ろうあ、肢体不自由等を有する者

それ以外の（B）は重度（A）のもの以外の人が対象になります。

ただし、障害の程度（等級）は各都道府県で違い、国の基準に沿って

● **東京都の場合**
   **（愛の手帳）**

| 1度 | 最重度（知能指数はおおむね19以下） |
|---|---|
| 2度 | 重度（知能指数はおおむね20～34以下） |
| 3度 | 中度（知能指数はおおむね35～49以下） |
| 4度 | 軽度（知能指数はおおむ50～75以下） |

● **埼玉県の場合**

重度とそれ以外のA・Bの2等級を採用しているところもありますし、3段階・4段階、あるいはそれ以上の等級で判定している自治体もあります。東京都の場合は「愛の手帳」という名称で、アルファベットではなく、数字を用いて1度～4度の4段階に区分しています。

### 手帳申請の手順

都道府県や政令指定都市などによって申請の手順が違うので、市区町村の福祉担当窓口に相談してから申請しましょう。申請者が18歳未満の場合の判定は児童相談所で行い、18歳以上の場合は知的障害者更生相談所（障害者福祉センター、障害者相談センターなど）が行います。

自治体によって、窓口に行けばその場で申請を受け付け、相談所に申請書を送付してくれるところもありますし、最初に直接相談所で判定を受け、その結果を持って障害福祉課の窓口に申請するところもあります。

### 申請時に必要なもの

①**交付申請書**
　（福祉担当窓口に用意されたもの）
②**印鑑**（認め印）
③**本人の顔写真**
※撮影から1年以内のもので、脱帽。ポラロイド写真や普通紙に印刷した写真は使用不可。
④**その他**　母子手帳・幼少期の様子がわかる資料（18歳以上の場合）
※「その他」は自治体によって求められることもあるので、あらかじめ窓口で確認してください。

## 申請の流れ（例）

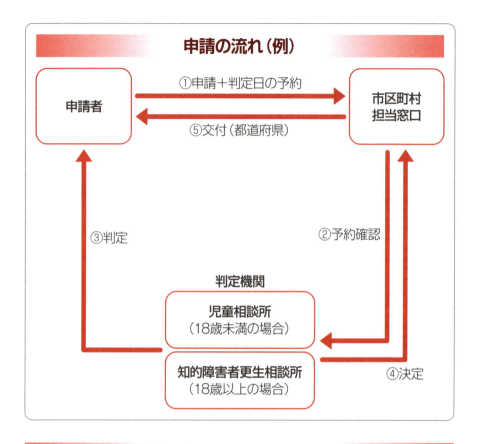

## 新規・再交付・変更届けなどに必要な書類（例）

| 手続きの種類 | | 印かん | 写真 | 手帳 |
|---|---|---|---|---|
| 初めて交付申請するとき | | ○ | 1枚 | |
| 他都道府県から転入したとき（交付申請） | | ○ | 1枚 | ○ |
| 再交付申請 | 手帳を紛失したとき | ○ | 1枚 | |
| | 手帳を破損したとき | ○ | 1枚 | ○ |
| | 記載欄余白がなくなったとき | ○ | 1枚 | ○ |
| 変更届 | 住所が変わったとき | ○ | | ○ |
| | 氏名が変わったとき | ○ | | ○ |
| 死亡、障害に該当しなくなったとき | | ○ | | ○ |

※水戸市「障害者の福祉のしおり」2017年版をもとに作成

# 「精神障害者保健福祉手帳」の あらましと申請方法

一定の精神障害の状態にあることを認定して交付されるのが「精神障害者保健福祉手帳」です。申請には医師の診断書あるいは障害年金証書などが必要です。手帳には有効期間があり2年ごとに認定を受けなければなりません。

## 精神障害者に交付される「精神障害者保健福祉手帳」

精神疾患による精神障害のために、長期にわたって日常生活、または社会生活への制約があると認められた場合に交付されるのが**精神障害者保健福祉手帳**です。社会への復帰や自立ができるように支援するために交付されるものです。この手帳を取得すれば各種の福祉サービスが利用でき、社会参加ができやすくなります。「精神保健福祉法」という法律を根拠にしていて、都道府県知事または政令指定都市市長などが交付します。

## 障害の程度と交付の判定基準

対象となる代表的な疾患名や精神状態による等級の詳しい記述は71ページを参照ください。等級は1～3段階あり、利用できるサービスの内容が違ってきます。

## 手帳申請の手順

精神障害者保健福祉手帳は、市区町村の窓口を経由して、都道府県知事（政令指定都市の場合は市長）

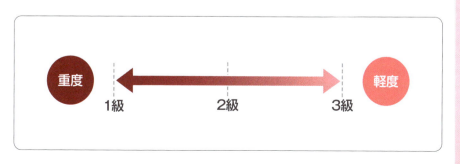

に申請します。手帳の**有効期限は交付日から2年が経過する日の属する月の末日**となっていて、2年ごとに、障害等級に定める精神障害の状態にあることについて、都道府県知事（政令指定都市の場合は市長）の認定を受けなければなりません。

申請の手順は市区町村の担当窓口（保健予防課など市区町村によって違うので事前の確認を）で、「交付申請書」「所定の診断書用紙」を受け取ります。かかりつけ医に診断書を作成してもらい、担当窓口に申請します。**診断書は初診日**（対象の疾患で初めて診察を受けた日）**から6カ月経過した日以降のもの**が必要です。申請には診断書の代わりに、障害年金を受給している人であれば**「障害年金の関連書類」**でも、申請が可能です。

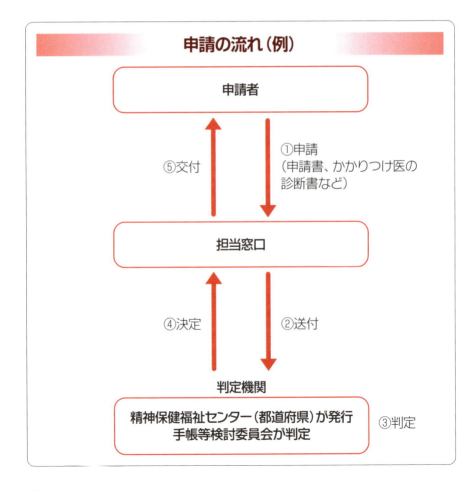

## 申請時に必要なもの

① **交付申請書**（担当窓口に用意されたもの）
② **医師の診断書**（所定の様式のもの）
※診断書は有効期限があるので、担当窓口に確認を。

↑↓ どちらか

② **障害年金の関連書類**
次の3つの書類が必要です。

・年金証書（コピー可）
・直近の振込み（送金）通知書
・同意証（年金事務所に障害年金の情報を問い合わせることへの）

③ **印鑑**（認め印）
④ **本人の顔写真**（タテ4cm×ヨコ3cm）
※写真の添付が任意の自治体は不要。

⑤ **マイナンバーがわかる書類**
マイナーバーにかかわる書類についての詳細は32ページ参照。

## 新規・再交付・変更届けなどに必要な書類（例）

| 手続きの種類 | | 印かん | 写真 | 診断書 | 障害年金証書等 | 手帳 |
|---|---|---|---|---|---|---|
| 初めて交付申請するとき | | ○ | 1枚 | (○)または(○) | | |
| 更新するとき | | ○ | 1枚 | (○)または(○) | | ○ |
| 障害の程度が変わったとき | | | | | | |
| 再交付申請 | 手帳を紛失したとき | ○ | 1枚 | | | |
| | 手帳を破損したとき | ○ | 1枚 | | | ○ |
| | 手帳を汚損したとき | ○ | 1枚 | | | ○ |
| 変更届 | 住所が変わったとき | ○ | | | | ○ |
| | 氏名が変わったとき | ○ | | | | ○ |
| 死亡、障害に該当しなくなったとき | | | | | | ○ |

※水戸市「障害者の福祉のしおり」2017年版をもとに作成

# 発達障害者や高次脳機能障害も手帳は取得できる

障害者手帳の基礎知識

発達障害や高次脳機能障害といった障害を対象にした独自の障害者手帳制度はありませんが、発達障害者支援法などにより、知的・精神などの障害があれば、障害者手帳が交付されるので、市区町村の担当窓口に相談しましょう。

## 発達障害者は知的・精神のいずれかの手帳を申請

2005年4月に施行された発達障害者支援法により、これまで制度の谷間にあって必要な支援が届きにくかった「発達障害」の人も各種の支援の対象になりました。障害者手帳を希望するとき、療育手帳、精神障害者保健福祉手帳のいずれか交付基準に該当していれば取得することができます。手帳申請の手順はそれぞれの手帳のページを参照。

## 高次脳機能障害者はおもに精神障害の手帳を申請

高次脳機能障害とは、交通事故や転倒などによる脳外傷や低酸素脳症、脳血管障害、脳腫瘍などによって脳に損傷を受けて日常生活や社会生活が困難になる障害をいいます。「高次脳機能障害診断基準」に基づいて医師が診断します。代表的な症状は次のとおりです。

### 1　認知障害

【記憶障害】すぐに忘れる、新しいことを覚えられない

【注意障害】うっかりミスなど不注意が多くなった

【遂行機能障害】毎日の行動や調理など、自分で計画を立てて物事を進められなくなった

### 2　社会的行動障害

【固執性】自己主張が強くなった、ささいなことにこだわるようになった

【感情コントロールの低下】多少のことでイライラしたり、怒りっぽくなった

【欲求コントロールの低下】欲しいと思うとガマンできない、金遣いが荒くなった

【依存性・退行】すぐに親に頼るようになった、子どもっぽくなった

身体的な障害を伴わない高次脳機能障害者は、外見では障害があることがわかりにくく、本人も自覚が難しいため、誤解を受けやすく、「見えない障害」と言われることもあります。身体障害を伴わない場合は、身体障害者手帳による福祉サービスの対象になりません。ただし、手足のマヒや音声・言語障害があり、身体障害者障害程度等級表に該当する場合は身体障害者手帳の申請対象となります。また、発症や受傷が18歳未満で知的障害と判定された場合に、療育手帳の申請対象となります。

## 発達障害とは？

- 言葉の発達の遅れ
- コミュニケーションの障害
- 対人関係・社会性の障害
- パターン化した行動、こだわり

知的な遅れを伴うこともあります

**自閉症**

**広汎性発達障害**

**アスペルガー症候群**

- 基本的に、言葉の発達の遅れはない
- コミュニケーションの障害
- 対人関係・社会性の障害
- パターン化した行動、興味・関心のかたより
- 不器用（言語発達に比べて）

**注意欠陥多動性障害（ADHD）**

- 不注意（集中できない）
- 多動・多弁（じっとしていられない）
- 衝動的に行動する（考えるよりも先に動く）

**学習障害（LD）**

- 「読む」、「書く」、「計算する」などの能力が、全体的な知的発達に比べて極端に苦手

※厚生労働省「発達障害の理解のために」パンフレット参照

一般的なケースでは、高次脳機能障害によって日常生活や社会生活に制約があると診断されれば「器質性精神障害」として、精神障害者保健福祉手帳の申請対象になります。

## いずれも支援センターが総合的な支援を行う

発達障害者も高次脳機能障害者も、どのような支援を受けられるのか、まだよく理解されていないことから、各地域に支援センターが設置されています。専門的なアドバイスが受けられるので、相談するとよいでしょう。場所は各自治体の窓口やで聞くかホームページで確認してください。

### ◆発達障害者支援センター

発達障害者支援センターは、次のような支援を行う機関です。

#### ①相談支援

本人とその家族、関係機関等から日常生活での相談を受けつけ、必要に応じて、福祉制度やその利用方法、保健、医療、福祉、教育、労働などの関係機関への紹介も行います。

#### ②発達支援

本人とその家族、周囲の人の発達支援に関する相談に応じ、家庭での療育方法についてアドバイスします。その際、児童相談所、知的障害者更生相談所、医療機関などと連携を図ります。

#### ③就労支援

就労を希望する場合、就労に関する相談に応じるとともに、公共職業安定所、地域障害者職業センター、障害者就業・生活支援センターなどの労働関係機関と連携して情報提供を行います。

#### ④普及啓発・研修

発達障害をより多くの人に理解してもらうための普及啓発活動を行うとともに、保健、医療、福祉、教育、労働などの関係機関の職員や、都道府県及び市町村の行政職員などを対象に研修を行います。

### ◆高次脳機能障害支援センター

高次脳機能障害者支援センターでは、次のような相談支援が行われています。

①医療（診断・訓練）に関するご相談
②福祉サービスや制度利用に関するご相談
③復職や就労、復学等に関するご相談
④日常生活での困りごと(対応方法)等に関するご相談
⑤支援センター各部門の利用に関するご相談

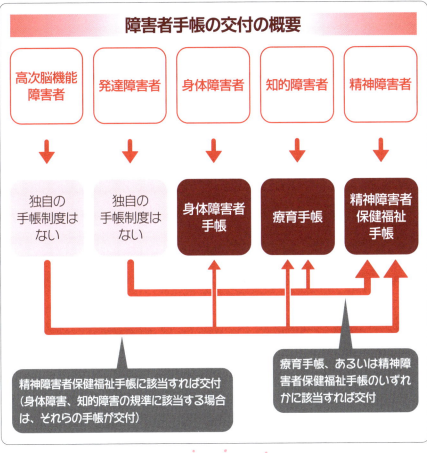

## 障害者手帳の交付の概要

精神障害者保健福祉手帳に該当すれば交付（身体障害、知的障害の規準に該当する場合は、それらの手帳が交付）

療育手帳、あるいは精神障害者保健福祉手帳のいずれかに該当すれば交付

第2章 障害者手帳とはどういうもの？ ● 発達障害者や高次脳機能障害も手帳は取得できる

# 障害者手帳による さまざまなサービス

障害者手帳が交付されると、申請によって各種の手当、医療費の助成、税の控除・減免、公共料金などの割引・減免などが受けられます。サービスの内容をよく知り該当すれば担当窓口に申請しましょう。

## 障害者手帳のサービスはいろいろある

障害者手帳を取得するとさまざまなサービスが利用できます。各市区町村が実施しているサービスもありますし、民間の会社が行っている割引などのサービスもあります。

### ①各種の手当

障害の程度、年齢、本人や扶養者の所得によって、心身障害者福祉手当、特別障害者手当、障害児福祉手当、特別児童福祉手当、心身障害者扶養共済などの手当が受給できます。

### ②医療費の助成

更生医療(18歳以上)、育成医療(18歳未満)、自立支援医療(精神通院)などによって医療費が1割負担になります。自己負担分を助成する重度心身障害者医療費給付もあります。

### ③日常生活用具・補装具の交付

身体機能の障害を補う補装具や特殊ベッドなどの日常生活用具が1割負担で利用できます。

### ④住宅面での優遇

公営住宅への入居が有利になったり、重度障害者の住宅改造費の補助があったりします。

### ⑤通行・運賃の割引

JR旅客運賃、航空運賃、バス運賃、船舶運賃、タクシー、有料道路通行料などが割引になります。

### ⑥税金の控除・減免

自動車税、自動車取得税の減免や所得税、住民税、相続税、贈与税などで控除があります。

### ⑦NHKの受信料の減免など

NHKの受信料の全額・半額免除や各電話会社が行う割引サービスが受けられます。

### ⑧博物館や映画館の入館料の割引

公共・民間施設の博物館や映画館などの入館料が割引かれます。

## 障害者手帳によるサービス（例）

| | | | 福祉手当 | 特別児童扶養手当 | 特別障害者手当 | 障害児福祉手当 | 児童扶養手当 | 扶養共済 | 難病患者見舞金 | 医療費の無料（マル福制度） | 更生・育成医療 | 自立支援医療（精神通院） | 補装具 | 日常生活用具 | 住宅改造費の助成 | 市営駐車場使用料の助成 |
|---|---|---|---|---|---|---|---|---|---|---|---|---|---|---|---|---|
| 身体障害者手帳 | 肢体不自由 | 1 | ○ | ○ | △ | ○ | ○ | ○ | | ○ | ○ | | ○ | ○ | △ | △ |
| | | 2 | ○ | ○ | △ | △ | ○ | ○ | | ○ | ○ | | ○ | ○ | △ | △ |
| | | 3 | ○ | | | | ○ | ○ | | | ○ | | ○ | △ | | △ |
| | | 4 | △ | △ | | | | | | | ○ | | ○ | △ | | △ |
| | | 5 | | | | | | | | | ○ | | ○ | △ | | △ |
| | | 6 | | | | | | | | | ○ | | ○ | △ | | △ |
| | 視覚障害 | 1 | ○ | ○ | △ | ○ | ○ | ○ | | ○ | ○ | | ○ | ○ | | △ |
| | | 2 | ○ | ○ | △ | △ | ○ | ○ | | ○ | ○ | | ○ | ○ | | △ |
| | | 3 | ○ | ○ | | | ○ | ○ | | | ○ | | ○ | ○ | △ | △ |
| | | 4 | △ | | | | | | | | ○ | | ○ | ○ | △ | △ |
| | | 5 | | | | | | | | | ○ | | ○ | ○ | △ | |
| | | 6 | | | | | | | | | ○ | | ○ | ○ | △ | |
| | 聴覚または平衡機能障害 | 2 | ○ | ○ | △ | ○ | ○ | ○ | | ○ | ○ | | ○ | ○ | | △ |
| | | 3 | ○ | ○ | | | | ○ | | | ○ | | ○ | ○ | | △ |
| | | 4 | △ | | | | | | | | ○ | | ○ | ○ | | |
| | | 5 | | | | | | | | | ○ | | ○ | △ | | |
| | | 6 | | | | | | | | | ○ | | ○ | △ | | |
| | 音声言語 | 3 | ○ | ○ | | | | | | | ○ | | △ | ○ | | △ |
| | | 4 | △ | | | | | | | | ○ | | | △ | | |
| | 内部障害 | 1 | ○ | ○ | △ | △ | △ | ○ | | ○ | ○ | | | ○ | | △ |
| | | 2 | ○ | ○ | | | ○ | ○ | | | ○ | | | △ | | △ |
| | | 3 | ○ | ○ | | | | ○ | | | ○ | | | △ | | △ |
| | | 4 | △ | | | | | | | | ○ | | | △ | | |
| 療育手帳 | 知的障害 | Ⓐ | ○ | ○ | △ | ○ | ○ | ○ | | ○ | | | | △ | ○ | △ |
| | | A | ○ | ○ | | △ | ○ | ○ | | | | | | △ | | △ |
| | | B | ○ | ○ | | | △ | ○ | | | | | | | | |
| | | C | △ | | | | | ○ | | | | | | | | |
| 精神障害者保健福祉手帳 | 精神障害 | 1 | | | △ | △ | | ○ | | △ | | ○ | | | | △ |
| | | 2 | | | | | | ○ | | | | ○ | | | | |
| | | 3 | | | | | | ○ | | | | ○ | | | | |
| 難病患者等 | | | | | | | | | ○ | | | | | △ | | |

○印はおおむね該当　△印は一部該当

○印はおおむね該当　△印は一部該当

| | | | 生活福祉資金貸付 | JR運賃の割引 | 路線バスの割引 | タクシー料金一割引 | タクシー料金の助成 | 有料道路の割引 | 航空運賃の割引 | 税金の控除・減免 | 市営住宅家賃算定の控除 | NTT番号案内の無料 | NHK放送受信料の減免 | はり・きゅう・マッサージ施術費助成 | いばらき身障者駐車場利用証 |
|---|---|---|---|---|---|---|---|---|---|---|---|---|---|---|---|
| 身体障害者手帳 | 肢体不自由 | 1 | ○ | ○ | ○ | ○ | △ | △ | ○ | ○ | ○ | △ | ○ | △ | ○ |
| | | 2 | ○ | ○ | ○ | ○ | △ | ○ | ○ | ○ | ○ | △ | ○ | △ | ○ |
| | | 3 | ○ | ○ | ○ | ○ | | △ | ○ | ○ | ○ | | | △ | △ |
| | | 4 | ○ | ○ | ○ | ○ | | △ | ○ | ○ | | | | △ | |
| | | 5 | ○ | ○ | ○ | ○ | | △ | ○ | ○ | | | | △ | |
| | | 6 | ○ | ○ | ○ | ○ | | △ | ○ | ○ | | | | △ | |
| | 視覚障害 | 1 | ○ | ○ | ○ | ○ | ○ | ○ | ○ | ○ | ○ | ○ | ○ | △ | ○ |
| | | 2 | ○ | ○ | ○ | ○ | ○ | ○ | ○ | ○ | ○ | ○ | ○ | △ | ○ |
| | | 3 | ○ | ○ | ○ | ○ | | △ | ○ | ○ | ○ | | ○ | △ | ○ |
| | | 4 | ○ | ○ | ○ | ○ | | △ | ○ | ○ | | | ○ | △ | |
| | | 5 | ○ | ○ | ○ | ○ | | △ | ○ | ○ | | | ○ | △ | |
| | | 6 | ○ | ○ | ○ | ○ | | △ | ○ | ○ | | | △ | △ | |
| | 聴覚または平衡機能障害 | 2 | ○ | ○ | ○ | ○ | ○ | | ○ | ○ | ○ | ○ | ○ | △ | ○ |
| | | 3 | ○ | ○ | ○ | ○ | | △ | ○ | ○ | ○ | | ○ | △ | |
| | | 4 | ○ | ○ | ○ | ○ | | △ | ○ | ○ | | | ○ | △ | |
| | | 5 | ○ | ○ | ○ | ○ | | △ | ○ | ○ | | | △ | △ | △ |
| | | 6 | ○ | ○ | ○ | ○ | | △ | ○ | ○ | | | △ | △ | |
| | 音声言語 | 3 | ○ | ○ | ○ | ○ | | △ | ○ | ○ | ○ | | | △ | |
| | | 4 | ○ | ○ | ○ | ○ | | △ | ○ | ○ | | | | △ | |
| | 内部障害 | 1 | ○ | ○ | ○ | ○ | | △ | ○ | ○ | ○ | | ○ | △ | ○ |
| | | 2 | ○ | ○ | ○ | ○ | | △ | ○ | ○ | ○ | | | △ | ○ |
| | | 3 | ○ | ○ | ○ | ○ | | △ | ○ | ○ | ○ | | | △ | ○ |
| | | 4 | ○ | ○ | ○ | ○ | | △ | ○ | ○ | | | | △ | ○ |
| 療育手帳 | 知的障害 | Ⓐ | ○ | ○ | ○ | ○ | | ○ | ○ | ○ | ○ | ○ | | △ | ○ |
| | | A | ○ | ○ | ○ | ○ | | ○ | ○ | ○ | ○ | ○ | | △ | ○ |
| | | B | ○ | ○ | ○ | ○ | | | ○ | ○ | ○ | | | △ | |
| | | C | ○ | ○ | ○ | ○ | | | ○ | ○ | | | | △ | |
| 精神障害者保健福祉手帳 | 精神障害 | 1 | ○ | | △ | | △ | | ○ | ○ | ○ | | ○ | △ | ○ |
| | | 2 | ○ | | △ | | △ | | | ○ | ○ | | ○ | △ | |
| | | 3 | ○ | | △ | | | | | ○ | ○ | | △ | | |
| 難病患者等 | | | | | | | | | | | | | | | ○ |

※水戸市「障害者のしおり」2017年度版をもとに作成

第3章

# どんな人が障害者手帳を申請できるの？

## 視覚障害

# 両目がほとんど見えなくなりました

視覚障害の原因となる病気には、緑内障、糖尿病性網膜症、網膜色素変性症、加齢黄斑変性症などがあります。遺伝性素因で起こるといわれる網膜色素変性症以外、だれでも中高年になると起こりやすくなります。

### 中高年になると増える目の病気

視覚障害には、遺伝や出産のときのトラブルなどが原因で起こる障害と病気や事故、加齢などによって起こる障害があります。

後天的な視覚障害は年をとるほど増え、50歳を超えるころから、さまざまな目の病気の心配が出てきます。早めに発見し治療を始めれば、進行をストップさせたり、遅らせたりすることができますが、治療が遅れると失明する可能性も大きくなります。危険がある病気に、「緑内障」「糖尿病性網膜症」「網膜色素変性症」「加齢黄斑変性症」などがあります。

最も中途失明の可能性の高い病気は緑内障で、発症から10年単位で進行し、やがて失明する危険のある病気です。次に危険な糖尿病性網膜症は、「糖尿病性腎症」「神経障害」とともに糖尿病の三大合併症といわれています。目の治療とともに原因である糖尿病の改善に努めるのが失明を防ぐ対策です。

### 視覚障害には「視力障害」と「視野障害」がある

身体障害者手帳の認定基準による視覚障害には「**視力障害**」と「**視野障害**」があります。視力障害では、両目の視力の和によって等級が決まります。等級とは障害の重さをランクによって示したもので、視覚障害の場合1～6級まであり、小さい数字の等級ほど重度となります。治療による視力・視野の改善が困難になったら、身体障害者手帳の申請について、医師などに相談しましょう。なお、現在は両眼の視力の合計値で等級は認定されますが、良いほうの目の視力を基に判断する検討も行われています。

## 視力等級表

|  | 0 | 0.01 | 0.02 | 0.03 | 0.04 | 0.05 | 0.06 | 0.07 | 0.08 | 0.09 | 0.1 | 0.2 | 0.3 | 0.4 | 0.5 | 0.6 |
|---|---|---|---|---|---|---|---|---|---|---|---|---|---|---|---|---|
| 0.1 | | ↑一眼の視力 | | | | | | | | | 0.25 ← 両眼の視力の和／等級 | | | | | |
| 0.09 | ← 一眼の視力 | | | | | | | | 0.185 | 0.195 | | | | | | |
| 0.08 | | | | | | | | 0.165 | 0.175 | 0.185 | | | | | | |
| 0.07 | | | | | | | 0.145 | 0.155 | 0.165 | 0.175 | | | | | | |
| 0.06 | | | | | | 0.124 | 0.135 | 0.145 | 0.155 | 0.165 | | | | | | |
| 0.05 | | | | | 0.14 | 0.114 | 0.124 | 0.135 | 0.145 | 0.155 | | | | | | |
| 0.04 | | | | 0.083 | 0.094 | 0.1 | 0.114 | 0.124 | 0.135 | 0.145 | | | | | | |
| 0.03 | | | 0.063 | 0.073 | 0.083 | 0.094 | 0.1 | 0.114 | 0.124 | 0.135 | | | | | | |
| 0.02 | | 0.042 | 0.053 | 0.063 | 0.073 | 0.083 | 0.094 | 0.1 | 0.114 | 0.124 | 0.226 | 0.326 | 0.426 | 0.526 | 0.626 | |
| 0.01 | | 0.022 | 0.032 | 0.042 | 0.053 | 0.063 | 0.073 | 0.083 | 0.094 | 0.1 | 0.114 | 0.216 | 0.316 | 0.416 | 0.516 | 0.616 |
| 0 | 01 | 0.011 | 0.022 | 0.032 | 0.042 | 0.053 | 0.063 | 0.073 | 0.083 | 0.094 | 0.1 | 0.25 | 0.36 | 0.46 | 0.56 | 0.66 |

## 障害程度等級

| 等級 | 視力 | 視野 |
|---|---|---|
| 1級 | 両眼の視力の和が0.01以下のもの | |
| 2級 | 両眼の視力の和が0.02以上0.04以下のもの | 両眼の視野がそれぞれ10度以内でかつ両眼による視野について視能率による損失率が95パーセント以上のもの |
| 3級 | 両眼の視力の和が0.05以上0.08以下のもの | 両眼の視野がそれぞれ10度以内でかつ両眼による視野について視能率による損失率が90パーセントのもの |
| 4級 | 両眼の視力の和が0.09以上0.12以下のもの | 両眼の視野がそれぞれ10度以内のもの |
| 5級 | 両眼の視力の和が0.13以上0.2以下のもの | 両眼による視野の2分の1以上が欠けているもの |
| 6級 | 一眼の視力が0.02以下、他眼の視力が0.6以下のもので、両眼の視力の和が0.2を超えるもの | |

※視力とは万国式試視力表によって測ったものをいい、屈折異常のある者については、矯正視力について測ったもの

第3章 どんな人が障害者手帳を申請できるの？ ● 視覚障害

聴覚障害

# 両耳がほとんど聞こえなくなりました

病気や事故、加齢などによって音や声が聞きづらくなり生活に支障を感じるようになったら、身体障害者手帳が申請できます。両耳がほとんど聞こえない状態であれば、2級と認定される可能性があります。

## 両耳が聞こえない人は身体障害認定基準は2級程度

聴覚を測定する方法には、どのくらいまで小さな音が聞えるか測定する「標準純音聴力検査」と言語による「聴力検査」があります。聴力レベルはデシベル（db）で表され、等級の最も高い2級は、電車が通るガード下でもその音が聞こえない程度の聴力。最も低い6級は、40センチメートル以上の距離の会話が理解しえない程度です。また、言語による検査では会話音を録音し、その強さを調節し明瞭度を測定する検査も行われます。

## 障害程度等級

| 等級 | 等級の基準 | 等級のめやす（例） |
|---|---|---|
| 1級 | なし | |
| 2級 | 両耳の聴力レベルがそれぞれ100デシベル以上のもの（両耳全ろう） | ・電車が通るガード下でもその音が聞こえない程度以上 |
| 3級 | 両耳の聴力レベルがそれぞれ90デシベル以上のもの | ・耳介に接しなけれ大声語を理解し得ない程度以上 |
| 4級 | 1 両耳の聴力レベルがそれぞれ80デシベル以上のもの<br>2 両耳による普通話声の最良の語音明瞭度が50パーセント以下のもの | ・耳介に接しなければ話声語を理解し得ない程度以上 |
| 5級 | なし | |
| 6級 | 1 両耳の聴力レベルが70デシベル以上のもの<br>2 一側耳の聴力レベルが90デシベル以上、他側耳の聴力レベルが50デシベル以上のもの | ・40センチメートル以上の距離で発声された会話語を理解し得ない程度以上 |

# 10メートルも歩かないうちによろめいて転倒します

手や足、体幹にはとくに異常はないのに、耳や脳の病気や事故、加齢などによって立ったり歩いたりすることができなくなったら、「平衡機能障害」によって身体障害者手帳が申請できます。

## 平衡機能障害による等級は3級と5級の2つ

　脊髄小脳変性症、髄膜炎、メニエール病、小脳出血などの病気や事故によって歩行困難になったりふらつきなどがあり、日常生活に支障が出たら身体障害者手帳の申請ができます。

　平衡機能障害の等級は、3級・5級の2つで、3級は「平衡機能の極めて著しい障害」とされています。等級基準は四肢体幹に器質的な異常がなく、医師の診断などによって平衡機能障害と認められたもので、目をつむって起立ができず、または目を開けたままで直線を歩行中10メートル以内に、転倒もしくは著しくよろめいて歩行ができない程度、と定められています。

　5級の「平衡機能の著しい障害」とは、3級の状態よりも軽く眼をつむって直線を歩行中10メートル以内に転倒もしくはよろめいて歩行できなくなる程度がめやすとなっています。

　平衡機能障害の具体的な例としては、次のような耳や脳の疾患などがあげられます。
①末梢迷路性平衡失調
②後迷路性及び小脳性平衡失調
③外傷または薬物による平衡失調
④中枢性平衡失調

### 障害程度等級

| 等級 | 等級の基準 |
| --- | --- |
| 1級 | なし |
| 2級 | なし |
| 3級 | 平衡機能の極めて著しい障害 |
| 4級 | なし |
| 5級 | 平衡機能の著しい障害 |

音声機能・言語障害・そしゃく機能の障害

# 話すことやそしゃくすることができなくなりました

喉頭がんなど、のどの病気で話すことができなきなった人や「ろうあ」など障害のある人は、障害の度合いによって3級か4級の障害者手帳が交付されます。そしゃくや嚥下に障害のある人も同様です。

## 音声機能・言語機能の障害

音声機能・言語機能・そしゃく機能の障害による身体障害認定基準（障害等級認定基準）は、1級・2級はなく3級・4級の2つです。

音声機能・言語機能障害における3級の「音声機能または言語機能の喪失」とは、音声をまったく発することができないか、発声しても言語にならない障害の程度です。この「喪失」には病気や事故によるものだけでなく、先天的なものも含まれます。

4級の「音声機能または言語機能の著しい障害」とは、音声または言語機能の障害のため、音声、言語のみを用いて意思を疎通することが困難なものをいいます。

## そしゃく機能の障害

そしゃく機能障害3級の「そしゃく機能の喪失」とは、経管栄養以外に方法のないそしゃく・嚥下機能障害をいいます。

4級の「そしゃく機能の著しい障害」とは、著しいそしゃく・嚥下機能または咬合異常によるそしゃく機能の著しい障害をいいます。

### 障害程度等級

| 等級 | 等級の基準 |
|---|---|
| 1級 | なし |
| 2級 | なし |
| 3級 | 音声機能、言語機能またはそしゃく機能の喪失 |
| 4級 | 音声機能、言語機能またはそしゃく機能の著しい障害 |

# 体幹に機能障害があり、立つことができません

脊髄損傷や頚椎損傷の後遺症などによって体幹の機能障害が出たら身体障害者手帳の交付対象になります。体幹の機能障害によって座ったり、立ったり、歩いたりできにくい人が対象になります。

## 等級の具体的な状態

体幹とは頚部、胸部、腹部及び腰部を含みます。体幹が不自由になるのは、四肢体幹のマヒ、運動失調、変形などがあります。これらの多くは、その障害が単に体幹のみではなく四肢にも及ぶことが多く、このような場合の体幹の機能障害は四肢の機能障害と切り離して体幹のみの障害を想定して認定されます。

等級の状態について、1級の座位については、腰かけ、正座、横座り、あぐらのいずれもできない状態。

2級の座位・起立位は10分間以上にわたり座位または起立位を保っていられないものをいいます。同じく2級の起立は、臥位または座位より起立することが自力では不可能で、他人または柱、杖などの介護によって可能になる程度をいいます。

3級の歩行は、100m以上の歩行不能または片脚に立っていられない人が該当します。

5級の「著しい障害」とは、体幹の障害により2km以上の歩行ができない人が該当します。

## 障害程度等級

| 等級 | 等級の基準 |
| --- | --- |
| 1級 | 体幹の機能障害により坐っていることができないもの |
| 2級 | 1 体幹の機能障害により坐位または起立位を保つことが困難なもの<br>2 体幹の機能障害により立ち上がることが困難なもの |
| 3級 | 体幹の機能障害により歩行が困難なもの |
| 4級 | なし |
| 5級 | 体幹の機能の著しい障害 |

※下肢の異常による障害は含まれない

第3章 どんな人が障害者手帳を申請できるの？● 音声機能・言語障害・そしゃく機能障害／肢体不自由 体幹

肢体不自由 体幹

# 手が自由に使えなくなりました

肢体不自由 上肢

病気や事故によって、上肢(肩・腕・手・指)の機能に障害が出たり欠損した場合は、身体障害手帳の交付の対象になります。対象者は機能障害や欠損部分の大きさによって1級〜7級と認定されます。

## 機能障害と欠損障害の2つのポイントで認定される

先天的あるいは後天的な脳疾患や事故などによって、上肢(肩・腕・手・指)が不自由になったときは身体障害者手帳の交付対象になります。等級は1級〜7級となります。

障害の認定は、「機能障害」と「欠損障害」の2つの面でなされ、機能障害であれば両上肢の機能が全廃(喪失された状態)したものが1級と認定され、上肢機能の軽度な障害などが7級とされます。

欠損障害においては、両上肢(両腕)を手関節以上で欠くものが1級と認定され、一上肢(片手)のなか指、くすり指及び小指を欠くものが7級の対象になります。

「全廃」とは、肩の関節を除き、関節可動域が10度以内、筋力では徒手筋力テストで「2」以下に相当するもので、「機能の著しい障害」とは、肩関節を除き関節可動域がおおむね30度以内、徒手筋力テストで「3」に相当するものをいいます。

### 徒手筋力テストの評価

| | | |
|---|---|---|
| 5 | 正常 | 重力と強い抵抗に抗して完全に運動できる |
| 4 | 優 | 重力と中等度の抵抗に抗して完全に運動できる |
| 3 | 良 | 重力に抗して完全に運動できる |
| 2 | 可 | 重力を除けば完全に運動できる |
| 1 | 不可 | 筋のわずかな収縮はみられるが、関節は動かない |
| 0 | ゼロ | 筋の収縮が全く認められない |

## 障害程度等級

| 等級 | 機能障害 | 欠損障害 |
|---|---|---|
| 1級 | 1 両上肢の機能を全廃したもの | 2 両上肢を手関節以上で欠くもの |
| 2級 | 1 両上肢の機能の著しい障害<br>4 一上肢の機能を全廃したもの | 2 両上肢のすべての指を欠くもの<br>3 一上肢を上腕の2分の1以上で欠くもの |
| 3級 | 2 両上肢のおや指及びひとさし指の機能を全廃したもの<br>3 一上肢の機能の著しい障害<br>5 一上肢のすべての指の機能を全廃したもの | 1 両上肢のおや指及びひとさし指を欠くもの<br>4 一上肢のすべての指を欠くもの |
| 4級 | 2 両上肢のおや指の機能を全廃したもの<br>3 一上肢の肩関節、肘関節または手関節のうち、いずれか一関節の機能を全廃したもの<br>5 一上肢のおや指及びひとさし指の機能を全廃したもの<br>7 おや指またはひとさし指を含めて一上肢の三指の機能を全廃したもの<br>8 おや指またはひとさし指を含めて一上肢の四指の機能の著しい障害 | 1 両上肢のおや指を欠くもの<br>4 一上肢のおや指及びひとさし指を欠くもの<br>6 おや指またはひとさし指を含めて一上肢の三指を欠くもの |
| 5級 | 1 両上肢のおや指の機能の著しい障害<br>2 一上肢の肩関節、肘関節または手関節のうち、いずれか一関節の機能の著しい障害<br>4 一上肢のおや指の機能を全廃したもの<br>5 一上肢のおや指及びひとさし指の機能の著しい障害<br>6 おや指またはひとさし指を含めて一上肢の三指の機能の著しい障害 | 3 一上肢のおや指を欠くもの |
| 6級 | 1 一上肢のおや指の機能の著しい障害<br>3 ひとさし指を含めて一上肢の二指の機能を全廃したもの | 2 ひとさし指を含めて一上肢の二指を欠くもの |
| 7級 | 1 一上肢の機能の軽度の障害<br>2 一上肢の肩関節、肘関節または手関節のうち、いずれか一関節の機能の軽度の障害<br>3 一上肢の手指の機能の軽度の障害<br>4 ひとさし指を含めて一上肢の二指の機能の著しい障害<br>6 一上肢のなか指、くすり指及び小指の機能を全廃したもの | 5 一上肢のなか指、くすり指及び小指を欠くもの |

※7級の障害は1つでは法の対象にはならないが、7級の障害が2つ以上重複する場合、または7級の障害が6級以上の障害と重複する場合は、手帳交付の対象となる

第3章 どんな人が障害者手帳を申請できるの？ ● 肢体不自由 上肢

# 足が自由に使えなくなりました

肢体不自由 下肢

脳の障害などで下肢（脚・足・足の指）に障害が出たり、事故や糖尿病の後遺症などで切断するようことが起きたら、障害者手帳を申請できます。

## 糖尿病などによって脚を切断したケース

肢体不自由の下肢障害では「機能障害」「欠損障害」のほか「下肢の短縮」も対象になり等級は1〜7級。判定する主な基準を部位別にみると次のとおり。

### ①一下肢の機能障害
- 3級の「全廃」は下肢の運動性と支持性をほとんど失った状態。
- 4級の「著しい障害」とは、歩く、平衡をとる、登る、立っているなどができにくい状態。

### ②股関節の機能障害
- 4級の「全廃」とは、各方向の可動域が10度以下のもの、徒手筋力テストが「2」以下のもの。
- 5級の「著しい障害」は可動域30度以下のもの、徒手筋力テストで「3」相当するもの。

### ③ひざ関節の機能障害
- 4級「全廃」、5級「著しい障害」の判定基準は「股関節」と同様。

※関節の異常な動きや変形が加わる。

### ④足関節の機能障害
- 5級の「全廃」は関節可動域5度以内のもの、徒手筋力テストで「2」以下のもの。
- 6級の「著しい障害」は関節可動域10度以内で、徒手筋力テスト「3」相当のもの。

※関節の異常な動きや変形が加わる。

### ⑤足指の機能障害
- 7級の「全廃」は、下駄、草履をはくことのできない状態。

### ⑥下肢の短縮
計測の原則として前腸骨棘（ぜんちょうこつきょく）より内くるぶし下端までの距離。

### ⑦切断
大腿または下腿の切断の部位及び長さは実用長をもって計測。

## 障害程度等級

| 等級 | 機能障害 | 欠損・短縮障害 |
|---|---|---|
| 1級 | 1 両下肢の機能を全廃したもの | 2 両下肢を大腿2分の1以上で欠くもの |
| 2級 | 1 両下肢の機能の著しい障害 | 2 両下肢を下腿の2分の1以上で欠くもの |
| 3級 | 3 一下肢の機能を全廃したもの | 1 両下肢をショパー関節以上で欠くもの<br>2 一下肢を大腿の2分の1以上で欠くもの |
| 4級 | 2 両下肢のすべての指の機能を全廃したもの<br>4 一下肢の機能の著しい障害<br>5 一下肢の股関節または膝関節の機能を全廃したもの | 1 両下肢のすべての指を欠くもの<br>3 一下肢を下腿の2分の1以上で欠くもの<br>6 一下肢が健側に比して10センチメートル以上または健側の長さの10分の1以上短いもの |
| 5級 | 1 一下肢の股関節または膝関節の機能の著しい障害<br>2 一下肢の足関節の機能を全廃したもの | 3 一下肢が健側に比して5センチメートル以上または健側の長さの15分の1以上短いもの |
| 6級 | 2 一下肢の足関節の機能の著しい障害 | 1 一下肢をリスフラン関節（足の甲の中央付近）以上で欠くもの |
| 7級 | 1 両下肢のすべての指の機能の著しい障害<br>2 一下肢の機能の軽度の障害<br>3 一下肢の股関節、膝関節または足関節のうち、いずれか一関節の機能の軽度の障害<br>5 一下肢のすべての指の機能を全廃したもの | 4 一下肢のすべての指を欠くもの<br>6 一下肢が健側に比して3センチメートル以上または健側の長さの20分の1以上短いもの |

※7級の障害は1つでは法の対象にはならないが、7級の障害が2つ以上重複する場合、または7級の障害が6級以上の障害と重複する場合は、手帳交付の対象となる。

第3章 どんな人が障害者手帳を申請できるの？ ● 肢体不自由 下肢

内部疾患 心臓機能障害

# 心臓の病気でペースメーカを使っています

心臓機能障害の認定は18歳以上の人と18歳未満の人で分かれ、日常生活にどの程度支障があるかを基準に、心電図や胸部エックス線所見などによって判定されます。

## 18歳以上の人の1級の認定基準

18歳以上で1級の障害の基準は下記の表の所見のうち2つ以上の症状が見られ、かつ安静時または日常の生活でも次のような症状が見られるものです。

①心不全症状

心臓の働きが低下して、全身の臓器に必要な血液量を送ることができなくなった状態。

②狭心症症状

発作的に胸の痛みや圧迫などを感じる症状。

③アダムスストークス発作

不整脈が原因で心臓から脳への血流量が急激に減少して起こるめまい、失神発作。

もう1つは、ペースメーカを植え込み、日常生活が極度に制限されているかどうかです。先天性疾患によりペースメーカを植え込んだ人、人工弁移植、弁置換を行った人が1級の対象になります。

### ●1級・3級を判定する所見

- 胸部エックス線所見で心胸比0.60以上のもの
- 心電図で陳旧性心筋梗塞所見があるもの
- 心電図で脚ブロック所見があるもの
- 心電図で完全房室ブロック所見があるもの
- 心電図で第2度以上の不完全房室ブロック所見があるもの
- 心電図で心房細動または粗動所見があり、心拍数に対する脈拍数の欠損が10以上のもの
- 心電図でSTの低下が0.2mV以上の所見があるもの
- 心電図で第Ⅰ誘導、第Ⅱ誘導及び胸部誘導（ただしV₁を除く）のいずれかの心電図のTが逆転した所見があるもの

## 18歳以上の人の 3級・4級の認定基準

3級に該当する障害は、「障害等級を判定する所見」のうち、いずれか1つが該当する所見があり、かつ家庭生活を営むうえでは支障はないが、仕事などにおいて①心不全症状もしくは②狭心症症状が起こるもの、またはしばしば頻脈発作を起こし救急医療をくり返し必要とするものです。もう1つは、ペースメーカを植え込み日常生活に著しい制限を受けている場合も対象になります。

4級は、下記の所見のいずれかがあり、かつ普通の生活では支障はないが仕事などでは①心不全症状もしくは②狭心症症状が起こるもの。あるいは、臨床所見では部分的心臓浮腫（むくみ）があり、はげしい活動は制限されたり、頻脈発作により日常生活や社会生活ができにくくなる状態です。ペースメーカを植え込み、仕事などに制限がある場合も対象です。

### ●4級を判定する所見

- 心電図で心房細動または粗動所見があるもの
- 心電図で期外収縮の所見が存続するもの
- 心電図でSTの低下が0.2mV未満の所見があるもの
- 運動負荷心電図でSTの低下が0.1mV以上の所見があるもの

## 18歳未満の人の 認定基準

1級に該当する人は、①重い心不全症状、②狭心症症状、③アダムスストークス発作、低酸素血症によって継続的医療を要するもので、著しい発育障害や運動制限、チアノーゼなどの所見が6項目以上見られるものです。3級も原則として継続的な医療を要し、5項目以上の所見が見られ、冠動脈の狭窄もしくは閉塞が見られるものです。4級は4項目以上が認められるもの、あるいは冠動脈瘤もしくは拡張ある人が対象です。

### 障害程度等級

| 等級 | 等級の基準 |
| --- | --- |
| 1級 | 心臓の機能の障害により自己の身辺の日常生活活動が極度に制限されるもの |
| 2級 | なし |
| 3級 | 心臓の機能の障害により家庭内での日常生活活動が著しく制限されるもの |
| 4級 | 心臓の機能の障害により社会での日常生活活動が著しく制限されるもの |

内部疾患 じん臓機能障害

# じん臓の病気で人工透析を受けることになりました

慢性腎不全や糖尿病などによりじん機能に障害が出て、透析療法を受けるようになったら、多くの場合「身体障害者手帳1級」に認定されます。

## 1級の認定基準

　じん機能障害の1級に該当する障害は、じん臓機能検査において、内因性クレアチニンクリアランス値が10ml／分未満、または血清クレアチニン濃度が8.0mg／dl以上であって、自己の身辺の日常生活活動が著しく制限されるか、または血液浄化を目的とした治療（**透析療法**）を必要とするもの、もしくは極めて近い将来に治療が必要となるものをいいます。

　なお、人工透析の医療費は、公的医療保険の「**長期高額疾病**（特定疾病）」の高額療養費の特例として給付され、透析治療の自己負担は1カ月1万円が上限となります（一定以上の所得のある人は2万円が上限）。また自己負担分は、障害者総合支援法の「自立支援医療（更生・育成医療）」により世帯の所得によって助成されます。

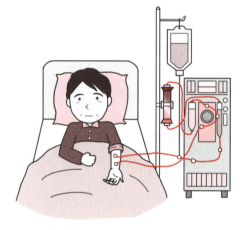

※透析療法には、腕から血液を抜き透析器できれいな血液にして体内に戻すという「血液透析」と腹膜を透析膜として腹腔に透析液を注入する「腹膜透析」があります。現在行われている透析療法の多くは、透析施設のある医療機関で行う血液透析です。

## 3級の認定基準

　じん機能障害に2級はなく、3級に該当する障害は、じん臓機能検査において、内因性クレアチニンクリアランス値が10ml／分以上、20ml／

分未満、または血清クレアチニン濃度が5.0mg／dl以上、8.0mg／dl未満であって、かつ、家庭内での極めて温和な日常生活活動には支障はないが、それ以上の活動は著しく制限されるか、または次のいずれか2つ以上の所見があるものをいう。

● 3級・4級を判定する所見

・じん不全に基づく末梢神経症
・じん不全に基づく消化器症状
・水分電解質異常
・じん不全に基づく精神異常
・エックス線写真所見における骨異栄養症
・じん性貧血
・代謝性アシドーシス（体内が酸性に傾く状態）
・重篤な高血圧症
・じん疾患に直接関連するその他の症状

### 4級の認定基準

4級に該当する障害はじん機能検査において、内因性クレアチニンクリアランス値が20ml／分以上、30ml／分未満、または血清クレアチニン濃度が3.0mg／dl以上、5.0mg／dl未満であって、かつ、家庭内での普通の日常生活活動、もしくは社会での極めて温和な日常生活活動には支障はないが、それ以上の活動は著しく制限されるか、または3級・4級を判定する所見で2つ以上の所見のある人が対象です。

### じん移植を行った場合

じん移植術を行った場合は、抗免疫療法が必要にならなくなるまで、障害の除去（軽減）状態が固定したわけではありません。まだ治療が終わったわけではないので、抗免疫療法を必要とする期間中は認定の対象となり、抗免疫療法を実施しないと仮定した状態で判定します。

## 障害程度等級

| 等級 | 等級の基準 |
| --- | --- |
| 1級 | じん臓の機能の障害により自己の身辺の日常生活活動が極度に制限されるもの |
| 2級 | なし |
| 3級 | じん臓の機能の障害により家庭内での日常生活活動が著しく制限されるもの |
| 4級 | じん臓の機能の障害により社会での日常生活活動が著しく制限されるもの |

# 呼吸が困難で在宅酸素療法を受けています

内部疾患　呼吸器機能障害

呼吸不全や慢性閉塞性肺疾患（COPD）などが原因で、体に必要な酸素が取り込めず生活に支障が出るようなら、手帳の対象になります。生活上の制限や呼吸器の機能指数などによって判定されます。

## 呼吸器機能障害の認定基準

呼吸器の機能障害の程度についての判定は、「**予測肺活量1秒率（以下「指数」）**」、動脈血ガス及び医師の臨床所見によって決まります。指数とは**1秒量**（最大吸気位から最大努力下呼出の最初の1秒間の呼気量）の**予測肺活量**（性別、年齢、身長の組み合せで、正常ならば当然あると予測される肺活量の値）に対する百分率です。

少し難しいですが、1秒量が1000ccで、予想肺活量が4000ccの人の場合は、指数は0.25×100=「25」となり、3級に該当します。

1級は、呼吸困難が強いため歩行がほとんどできないもの、呼吸障害のため指数の測定ができないもの、指数が20以下のもの、または動脈血酸素分圧が50Torr(トル)以下のものをいいます。

3級に該当する障害は、指数が20を超え30以下のもの、もしくは動脈血酸素分圧が50Torrを超え60Torr以下のもの、またはこれに準ずるものをいいます。

等級表4級に該当する障害は、指数が30を超え40以下のもの、もしくは動脈血酸素分圧が60Torrを超え70Torr以下のものまたはこれに準ずるものをいいます。

### 障害程度等級

| 等級 | 等級の基準 |
| --- | --- |
| 1級 | 呼吸器の機能の障害により自己の身辺の日常生活活動が極度に制限されるもの |
| 2級 | なし |
| 3級 | 呼吸器の機能の障害により家庭内での日常生活活動が著しく制限されるもの |
| 4級 | 呼吸器の機能の障害により社会での日常生活活動が著しく制限されるもの |

# 小腸を切除したので中心静脈栄養法を行っています

小腸を切除し、栄養維持が困難になったとき、心臓の近くにある中心静脈に細いカテーテルを挿入し、エネルギーを補給する中心静脈栄養法が選択され、障害認定の基準の1つになります。

## 1・3・4級の認定基準

1級に該当する障害は、次のいずれかに該当し、かつ、栄養維持が困難となるため、推定エネルギー必要の60％以上を常時「**中心静脈栄養法**」で行う必要のあるものをいいます。

・小腸が切除され、残存空・回腸が手術時、75cm未満(ただし乳幼児期は30cm未満)になったもの
・小腸疾患により永続的に小腸機能の大部分を喪失しているもの

3級に該当する障害は、次のいずれかに該当し、かつ、栄養維持が困難となるため、推定エネルギー必要量の30％以上を常時中心静脈栄養法で行う必要のあるものをいいます。

・小腸が切除され、残存空・回腸が手術時、75cm以上150cm未満(ただし乳幼児期は30cm以上75cm未満)になったもの
・小腸疾患により永続的に小腸機能の一部を喪失しているもの

4級に該当する障害は、小腸切除または小腸疾患により永続的に小腸機能の著しい低下があり、かつ、通常の経口による栄養摂取では栄養維持が困難となるため、随時、中心静脈栄養法または経腸栄養法で行う必要があるものをいいます。

## 障害程度等級

| 等級 | 等級の基準 |
| --- | --- |
| 1級 | 小腸の機能の障害により自己の身辺の日常生活活動が極度に制限されるもの |
| 2級 | なし |
| 3級 | 小腸の機能の障害により家庭内での日常生活活動が著しく制限されるもの |
| 4級 | 小腸の機能の障害より社会での日常生活活動が著しく制限されるもの |

**内部疾患** ぼうこう、または直腸の機能障害

# 大腸がんの治療で人工肛門を造設しました

前立腺がんや大腸がんの後遺症などにより、ぼうこうや大腸に障害が出て、ストマや腸ろうを造設し日常生活に支障が出たら身体障害者手帳の対象になります。

## 1級の認定基準

等級表1級に該当する障害は、次のいずれかに該当し、かつ、自己の身辺の日常生活活動が極度に制限されるものをいいます。

### ●1級を判定する所見

・腸管のストマ（※1）に尿路変向（更）（※2）のストマを併せもち、かつ、いずれかのストマにおいて排便・排尿処理が著しく困難な状態があるもの
・腸管のストマをもち、かつ、ストマにおける排便処理が著しく困難な状態、及び高度の排尿機能障害があるもの
・尿路変向（更）のストマに治癒困難な腸ろう（※3）をあわせもち、かつ、ストマにおける排尿処理が著しく困難な状態、または腸ろうにおける腸内容の排泄処理が著しく困難な状態があるもの
・尿路変向（更）のストマをもち、かつ、ストマにおける排尿処理が著しく困難な状態及び高度の排便機能障害があるもの
・治癒困難な腸ろうがあり、かつ、腸ろうにおける腸内容の排泄処理が著しく困難な状態、及び高度の排尿機能障害があるもの

※1 腹部に、便または尿を排泄するために造設された排泄口のこと
※2 腎臓-尿管-膀胱-尿道という尿路を変更する手術の総称
※3 腸に穴を開け、そこから栄養を直接入れる経管栄養法

## 3級・4級の認定基準

3級に該当する障害は、次のいずれかに該当するものをいいます。

### ●3級を判定する所見

・腸管のストマに尿路変向（更）のストマをあわせもつもの
・腸管のストマをもち、かつ、ストマにおける排便処理が著し

64

- く困難な状態、または高度の排尿機能障害があるもの
- 尿路変向（更）のストマに治癒困難な腸ろうをあわせもつもの
- 尿路変向（更）のストマをもち、かつ、ストマにおける排尿処理が著しく困難な状態、または高度の排便機能障害があるもの
- 治癒困難な腸ろうがあり、かつ、腸ろうにおける腸内容の排泄処理が著しく困難な状態、または高度の排尿機能障害があるもの
- 高度の排尿機能障害があり、かつ、高度の排便機能障害があるもの

4級に該当する障害は、次のいずれかに該当するものをいいます。

### ●4級を判定する所見

- 腸管または尿路変向（更）のストマをもつもの
- 治癒困難な腸ろうがあるもの
- 高度の排尿機能障害または高度の排便機能障害があるもの

### 障害認定の時期

ぼうこう、または直腸の機能障害については、障害の種類によって、認定の時期が違います。例えば、腸管のストマ、あるいは尿路変向（更）のストマをもつものについては、ストマ造設直後から、そのストマに該当する等級の認定を行います。

また、「治療困難な腸ろう」については、治療が終了し障害が認定できる状態になってから申請し認定を受けます。認定の時期についての詳細は市区町村の福祉課にご相談ください。なお、先天性鎖肛（さこう）に対する肛門形成術後の場合は、12歳時と20歳時にそれぞれ再認定を行います。

## 障害程度等級

| 等級 | 等級の基準 |
|---|---|
| 1級 | ぼうこう、または直腸の機能の障害により自己の身辺の日常生活活動が極度に制限されるもの |
| 2級 | なし |
| 3級 | ぼうこう、または直腸の機能の障害により家庭内での日常生活活動が著しく制限されるもの |
| 4級 | ぼうこう、または直腸の機能の障害により社会での日常生活活動が著しく制限されるもの |

内部疾患 ヒト免疫不全ウイルスによる免疫の機能障害

# エイズによって免疫機能に障害があります

エイズに感染し免疫機能に障害が起こったら、障害の程度によって身体障害者障害程度の1～4級に認定されます。細かい基準はありますが、日常生活がどの程度制限されるかが基準の基本になります。

## 13歳以上の人の1～4級の認定基準

ヒト免疫不全ウイルスの感染による免疫機能障害の認定基準は、13歳以上と未満に分かれ、どちらも1～4級があります。等級は、ヒト免疫不全ウイルスに感染していて、リンパの球数や白血球数などの生体検査や、発熱や下痢などの症状などによって判定されます。各等級には細かい基準があります。

## 13歳未満の人の認定基準

13歳未満の者の場合の1級はヒト免疫不全ウイルスに感染していて、「サーベイランスのためのHIV感染症／AIDS診断基準」が採択した指標疾患のうち1項目以上が認められるもの。2～4級については、生体検査の結果や病状などによって判定されます。

### 障害程度等級

| 等級 | 等級の基準 |
| --- | --- |
| 1級 | ヒト免疫不全ウイルスによる免疫の機能の障害により日常生活がほとんど不可能なもの |
| 2級 | ヒト免疫不全ウイルスによる免疫の機能の障害により日常生活が極度に制限されるもの |
| 3級 | ヒト免疫不全ウイルスによる免疫の機能の障害により日常生活が著しく制限されるもの（社会での日常生活活動が著しく制限されるものを除く） |
| 4級 | ヒト免疫不全ウイルスによる免疫の機能の障害により社会での日常生活活動が著しく制限されるもの |

# 肝硬変により肝臓の機能に障害が残りました

肝臓の疾患によって日常生活を送るのが困難なった場合も身体障害者手帳の交付の対象になります。肝臓の機能の値や肝性脳症や腹水の有無などによって等級が認定されます。

## 肝機能障害の認定基準

ウイルス性肝炎や肝硬変、さらに肝臓がんなどによって肝臓の機能に障害が残ったら障害手帳の対象になります。障害等級は1〜4級まであり、肝性脳症や腹水の有無、血清アルブミン、プロトロンビン時間、血清総ビリルビンの値によって判定される「Child-Pugh分類」の合計点数が1つの判定基準になります。もう1つは、血清総ビリルビン値や血中アンモニア濃度、原発性肝がん治療の既往などの項目のうち該当する項目の数によって判定されます。

### ●Child-Pugh分類（等級を判定する1つの基準）

|  | 1点 | 2点 | 3点 |
|---|---|---|---|
| 肝性脳症 | なし | 軽度（Ⅰ・Ⅱ） | 昏睡（Ⅲ以上） |
| 腹水 | なし | 軽度 | 中程度以上 |
| 血清アルブミン値 | 3.5g/dL超 | 2.8〜3.5g/dL | 2.8g/dL未満 |
| プロトロンビン時間 | 70%超 | 40〜70% | 40%未満 |
| 血清総ビリルビン値 | 2.0mg/dL未満 | 2.0〜3.0mg/dL | 3.0mg/dL超 |

### 障害程度等級

| 等級 | 等級の基準 |
|---|---|
| 1級 | 肝臓の機能の障害により日常生活活動がほとんど不可能なもの |
| 2級 | 肝臓の機能の障害により日常生活活動が極度に制限されるもの |
| 3級 | 肝臓の機能の障害により日常生活活動が著しく制限されるもの（社会での日常生活活動が著しく制限されるものを除く）。 |
| 4級 | 肝臓の機能の障害により社会での日常生活活動が著しく制限されるもの |

# 知的障害

## 身近な人に知的能力の遅滞が見られます

知的障害者は、「療育手帳」を取得し、各種の支援サービスを受けます。障害の区分は各自治体によって違いますが、知能測定値や日常生活の自立度などによって判定されます。

### 知的障害者が交付を受ける「療育手帳」

　知的障害者が各種の支援を受けるために必要なのが「療育手帳」です。身体障害者の「身体障害者手帳」にあたります。

　療育手帳は各都道府県の独自制度のため、判定区分や区分の呼び名は自治体によって違います。東京都は「愛の手帳」と呼び、１度～４度の4区分で、埼玉県は「療育手帳（旧みどりの手帳）」と呼びマルA・A・B・Cの4区分です。このように、多くの自治体では「最重度」「重度」「中度」「軽度」の4区分か、「最重度」を判定しない3区分を採用しています。

　障害の程度は、知能測定値（IQ）、社会性、日常の基本生活などを年齢に応じて総合的に判定されます。

　東京都では3歳、6歳、12歳、18歳のときに再判定を受けることになっていますが、その年齢に関係なく、障害の程度が変化したと思われるときも再判定を受けることができます。

### 障害等級程度

| 障害の程度 | IQのめやす | 生活の状態 |
|---|---|---|
| 最重度 | IQ20未満 | 生活全般に常時援助が必要 |
| 重度 | IQ35未満 | 日常生活に常時援助が必要 |
| 中度 | IQ50未満 | 日常生活に援助が必要 |
| 軽度 | IQ70未満 | 日常生活はできる |

## 障害者手帳の判定基準

| | | | |
|---|---|---|---|
| ○歳から6歳までの就学前の子ども | 1度（最重度） | ・知能測定値は知能指数が、おおむね19以下<br>・運動は、運動機能がきわめて未発達なため起座も不可能<br>・社会性は、対人関係の理解が不可能<br>・意思疎通は、言語による意思疎通が | 全く不可能<br>・身体的健康は、特別の治療、看護が必要<br>・基本的生活は、常時、介助及び保護が必要 |
| | 2度（重度） | ・知能測定値は知能指数が、おおむね20から34<br>・運動は運動機能がきわめて未発達なため歩行も不十分<br>・社会性は、集団的行動がほとんど不可能 | ・意思疎通は、わずかで不完全な単語だけのため、意思疎通が不可能<br>・身体的健康は、特別の保護が必要<br>・基本的生活は、部分的介助と常時の監督または保護が必要 |
| | 3度（中度） | ・知能測定値は知能指数が、おおむね35から49<br>・運動は、運動機能の発達が年齢より全般的に未発達<br>・社会性は、対人関係の理解及び集団的行動がある程度可能 | ・意思疎通は、言語が未発達のため、意思疎通が一部不可能<br>・身体的健康は、特別の注意が必要<br>・基本的生活は、部分的介助と見守りが必要 |
| | 4度（軽度） | ・知能測定値は知能指数が、おおむね50から75<br>・運動は、運動機能の発達はおおむね年齢相応<br>・社会性は、対人関係の理解及び集団的行動がおおむね可能 | ・意思疎通は、言語を通しての意思疎通が可能<br>・身体的健康は、健康であり、注意を必要としない<br>・基本的生活は、介助や見守りをあまり必要としない |
| 6歳から17歳までの児童 | 1度（最重度） | ・知能測定値は知能指数が、おおむね19以下<br>・学習能力は、簡単な読み、書き、計算も不可能<br>・作業能力は、簡単な手伝いなどの作業も不可能<br>・社会性は、対人関係の理解が不可能<br>・意思疎通は、言語による意思疎通が | ほとんど不可能<br>・身体的健康は、特別の治療、看護が必要<br>・日常行動は、日常行動に支障及び特別な傾向があり、常時保護及び配慮が必要<br>・基本的生活は、身辺生活の処理がほとんど不可能 |
| | 2度（重度） | ・知能測定値は知能指数が、おおむね20から34<br>・学習能力は、簡単な読み、書き、計算でもほとんど不可能<br>・作業能力は、作業のうち、簡単な手伝いや使いが可能<br>・社会性は、集団的行動がほとんど不可能 | ・意思疎通は、言語による意思疎通がやや可能<br>・身体的健康は、特別の保護が必要<br>・日常行動は、日常行動に支障があり、常時注意及び配慮が必要<br>・基本的生活は、身辺生活の処理が部分的に可能 |

| | | | |
|---|---|---|---|
| （6歳から17歳までの児童） | 3度（中度） | ・知能測定値は知能指数が、おおむね35から49<br>・学習能力は、簡単な読み、書き、計算が部分的に可能<br>・作業能力は、指導のもとに作業が可能<br>・社会性は、対人関係の理解及び集団的行動がある程度可能 | ・意思疎通は、言語が未発達で文字を通しての意思疎通が不可能<br>・身体的健康は、特別の注意が必要<br>・日常行動は、日常行動に対して支障はないが、配慮が必要<br>・基本的生活は、身辺生活の処理がおおむね可能 |
| | 4度（軽度） | ・知能測定値は知能指数が、おおむね50から75<br>・学習能力は、簡単な読み、書き、計算がほぼ可能<br>・作業能力は、単純な作業が可能<br>・社会性は、対人関係の理解及び集団的行動がおおむね可能 | ・意思疎通は、日常会話（意思疎通）が可能。また簡単な文字を通した意思疎通が可能<br>・身体的健康は、健康であり、特に注意を必要としない<br>・日常行動は、日常行動に支障はなく、ほとんど配慮を必要としない |
| （18歳以上　成人） | 1度（最重度） | ・知能指数及びそれに該当する指数がおおむね19以下<br>・文字や数の理解が不可能<br>・簡単な手伝いなどの作業も不可能<br>・対人関係の理解が不可能<br>・言語による意思疎通がほとんど不可 | 能<br>・身体的健康は特別の治療、看護が必要<br>・日常行動に支障及び特別な傾向があり、常時保護及び配慮が必要<br>・身辺生活の処理がほとんど不可能 |
| | 2度（重度） | ・知能指数及びそれに該当する指数がおおむね20～34<br>・文字や数の理解がわずかに可能<br>・簡単な手伝い程度は可能。また、保護的環境であれば単純作業が可能<br>・集団的行動がほとんど不可能。ただし、個別的な援助があれば限られた | 範囲での社会生活が可能<br>・言語による意思疎通がやや可能<br>・身体的健康は特別の保護が必要<br>・日常行動に支障があり、常時注意及び配慮が必要<br>・身辺生活の処理が部分的に可能 |
| | 3度（中度） | ・知能指数及びそれに該当する指数がおおむね35～49<br>・表示をある程度理解し、簡単な加減ができる<br>・助言等があれば、単純作業が可能<br>・対人関係の理解及び集団的行動がある程度可能。また、適当な援助のもとに、限られた範囲での社会生活が | 可能<br>・言語が未発達で文字を通しての意思疎通が不可能<br>・身体的健康は特別の注意が必要<br>・日常行動にたいした支障はないが、配慮が必要<br>・身辺生活の処理がおおむね可能 |
| | 4度（軽度） | ・知能指数及びそれに該当する指数がおおむね50～75<br>・テレビ、新聞等をある程度日常生活に利用できる。給料等の処理ができる<br>・単純作業は可能であるが、時に助言等が必要<br>・対人関係の理解及び集団的行動がおおむね可能。また、適当な援助のも | とに、社会生活が可能<br>・日常会話（意思疎通）が可能、また簡単な文字を通した意思疎通が可能<br>・身体的健康は健康であり、特に注意を必要としない<br>・日常行動に支障はなく、ほとんど配慮を必要としない<br>・身辺生活の処理が可能 |

※東京都（「愛の手帳」）の場合

# 強いうつ症状で働くことができません

統合失調やうつ病などの精神障害の人は、「精神障害保健福祉手帳」の対象になります。1級から3級までの3区分があり、各種の支援が受けられます。ほかの障害よりも症状の変化があるので、2年ごとに再認定が行われます。

## 精神障害者は「精神障害保健福祉手帳」の対象となる

身体障害者の「身体障害者手帳」、知的障害者の「療育手帳」にあたるのが、精神障害者の「精神障害者保健福祉手帳」です。手帳の等級は1級から3級まであり、1級が重度で3級が軽度の人で、対象となるのは下記の疾患です。

### ●対象となる疾患

・統合失調症
・気分(感情)障害
・非定型精神病
・てんかん
・中毒精神病
・器質性精神障害（高次脳機能障害を含む）
・発達障害
・その他の精神疾患

どの程度の障害かは、「**精神疾患（機能障害）**」と、「**能力障害（活動制限）**」の2つの面から判定されます。手帳は一度取得したら無期限に利用できるものではなく、病気が治癒したり、活動制限が少なくなることや、あるいは逆のケースもあるので、2年ごとに再認定が行われます。

## 障害程度等級

| | |
|---|---|
| 1級（重度） | 精神障害であって、日常生活の用を弁ずることを不能ならしめる程度のもの |
| 2級（中度） | 精神障害であって、日常生活が著しく制限を受けるか、または日常生活に著しい制限を加えることを必要とする程度のもの |
| 3級（軽度） | 精神障害であって、日常生活もしくは社会生活が制限を受けるか、または日常生活もしくは社会生活に制限を加えることを必要とする程度のもの |

## 増え続ける傾向にある精神障害者

平成29年版の『障害者白書』(内閣府)によると、精神障害者は392万4000人で、身体障害者の392万2000人を超えました。平成24年版では精神障害者が323万3000人、身体障害者が366万3000人ですから、どちらも増えていますが、身体障害者の7%の増加にくらべて、精神障害者は21%の増加率は驚く数字です。それには、さまざまな理由があるでしょうが、ストレス社会の一端がうかがえる数字です。

ただし、精神障害の人で手帳を取得している人は41万9000人にとどまり、身体障害者手帳の取得者の118万3000人にくらべて、大きな数字ではありません。

## 障害者手帳の判定基準

| | 障害の状態 ||
|---|---|---|
| | 精神疾患(機能障害)の状態 | 能力障害(活動制限)の状態 |
| 1級の認定のめやす | 1 統合失調症によるものにあっては、高度の残遺状態または高度の病状があるため、高度の人格変化、思考障害、その他妄想・幻覚等の異常体験があるもの<br>2 気分(感情)障害によるものにあっては、高度の気分、意欲・行動及び思考の障害の病相期があり、かつ、これらが持続したり、ひんぱんにくり返したりするもの<br>3 非定型精神病によるものにあっては、残遺状態または病状が前記1、2に準ずるもの<br>4 てんかんによるものにあっては、ひんぱんにくり返す発作または知能障害その他の精神神経症状が高度であるもの<br>5 中毒精神病によるものにあっては、認知症その他の精神神経症状が高度のもの<br>6 器質性精神障害によるものにあっては、記憶障害、遂行機能障害、注意障害、社会的行動障害のいずれかがあり、そのうち1つ以上が高度のもの<br>7 発達障害によるものにあっては、その主症状とその他の精神神経症状が高度のもの<br>8 その他の精神疾患によるものにあっては、上記の1～7に準ずるもの | 1 調和のとれた適切な食事摂取ができない<br>2 洗面、入浴、更衣、清掃等の身辺の清潔保持ができない<br>3 金銭管理能力がなく、計画的で適切な買物ができない<br>4 通院・服薬を必要とするが、規則的に行うことができない<br>5 家族や知人・近隣等と適切な意思伝達ができない。協調的な対人関係を作れない<br>6 身辺の安全を保持したり、危機的状況に適切に対応できない<br>7 社会的手続をしたり、一般の公共施設を利用することができない<br>8 社会情勢や趣味・娯楽に関心がなく、文化的社会的活動に参加できない。<br>(上記1～8のうちいくつかに該当するもの) |

| | 障害の状態 ||
|---|---|---|
| | 精神疾患（機能障害）の状態 | 能力障害（活動制限）の状態 |
| 2級の認定のめやす | 1 統合失調症によるものにあっては、残遺状態または病状があるため、人格変化、思考障害、その他の妄想幻覚等の異常体験があるもの<br>2 気分（感情）障害によるものにあっては、気分、意欲・行動及び思考の障害の病相期があり、かつ、これらが持続したり、ひんぱんにくり返したりするもの<br>3 非定型精神病によるものにあっては、残遺状態または病状が前記1、2に準ずるもの<br>4 てんかんによるものにあっては、ひんぱんにくり返す発作または知能障害その他の精神神経症状があるもの<br>5 中毒精神病によるものにあっては、認知症その他の精神神経症状があるもの<br>6 器質性精神障害によるものにあっては、記憶障害、遂行機能障害、注意障害、社会的行動障害のいずれかがあり、そのうち1つ以上が中等度のもの<br>7 発達障害によるものにあっては、その主症状が高度であり、その他の精神神経症状があるもの<br>8 その他の精神疾患によるものにあっては、上記の1～7に準ずるもの | 1 調和のとれた適切な食事摂取は援助なしにはできない<br>2 洗面、入浴、更衣、清掃等の身辺の清潔保持は援助なしにはできない<br>3 金銭管理や計画的で適切な買物は援助なしにはできない<br>4 通院・服薬を必要とし、規則的に行うことは援助なしにはできない<br>5 家族や知人・近隣等と適切な意思伝達や協調的な対人関係づくりは、援助なしにはできない<br>6 身辺の安全保持や危機的状況での適切な対応は、援助なしにはできない<br>7 社会的手続や一般の公共施設の利用は、援助なしにはできない。<br>8 社会情勢や趣味・娯楽に関心が薄く、文化的社会的活動への参加は援助なしにはできない。<br>（上記1～8のうちいくつかに該当するもの） |
| 3級の認定のめやす | 1 統合失調症によるものにあっては、残遺状態または病状があり、人格変化の程度は著しくはないが、思考障害、その他の妄想・幻覚等の異常体験があるもの<br>2 気分（感情）障害によるものにあっては、気分、意欲・行動及び思考の障害の病相期があり、その症状は著しくはないが、これを持続したり、ひんぱんにくり返すもの<br>3 非定型精神病によるものにあっては、残遺状態または病状が前記1、2に準ずるもの<br>4 てんかんによるものにあっては、発作または知能障害その他の精神神経症状があるもの<br>5 中毒精神病によるものにあっては、認知症は著しくはないが、その他の精神神経症状があるもの<br>6 器質性精神障害によるものにあっては、記憶障害、遂行機能障害、注意障害、社会的行動障害のいずれかがあり、いずれも軽度のもの<br>7 発達障害によるものにあっては、その主症状とその他の精神神経症状があるもの<br>8 その他の精神疾患によるものにあっては、上記の1～7に準ずるもの | 1 調和のとれた適切な食事摂取は自発的に行うことができるが、なお援助を必要とする。<br>2 洗面、入浴、更衣、清掃等の身辺の清潔保持は自発的に行うことができるがなお援助を必要とする<br>3 金銭管理や計画的で適切な買物はおおむねできるが、なお援助を必要とする<br>4 規則的な通院・服薬はおおむねできるがなお援助を必要とする<br>5 家族や知人・近隣等と適切な意思伝達や協調的な対人関係づくりは、なお十分とはいえず不安定である<br>6 身辺の安全保持や危機的状況での対応はおおむね適切であるが、なお援助を必要とする<br>7 社会的手続や一般の公共施設の利用はおおむねできるが、なお援助を必要とする<br>8 社会情勢や趣味・娯楽に関心はあり、文化的社会的活動にも参加するが、なお十分とはいえず援助を必要とする<br>（上記1～8のうちいくつかに該当するもの） |

# 発達障害と診断されましたが、手帳は申請できますか？

平成17年に施行された「発達障害者支援法」により、知的障害がともなわなくても自閉症スペクトラムやアスペルガー症候群などの発達障害の人は、精神障害者保健福祉手帳を取得でき、各種の支援が受けられるようになりました。

## 「発達障害支援法」により支援が受けられる

自閉症スペクトラム、アスペルガー症候群、その他の広汎性発達障害、学習障害、注意欠陥多動性障害などの「発達障害」は、長く知的障害にも精神障害にも該当しないと、教育や福祉の面で取り残されてきましたが、平成17年に発達障害者に対する支援を行う「発達障害者支援法」が施行され、さまざまな公的支援制度を利用することができるようになりました。その1つが手帳制度です。

「発達障害手帳」という制度はありませんが、知的障害のある人は「療育手帳」が申請できます。知的障害はなかったり、ほぼなかったりするが、発達障害の症状がある人は「精神障害者保健福祉手帳」の対象になります。

発達障害は手帳だけでなく、「障害者総合支援法」の対象にもなっているので、自立支援医療制度を利用し医療費の援助を受けたり、障害者の枠で就労の支援を受けたりすることもできます。

## まずは発達障害者支援センターに相談を

発達障害児・者への専門的な支援を総合的に行うために、各都道府県に「発達障害者支援センター」が設けられています。センターの役割は大きく分けて、電話や来所面接での相談支援、発達支援、就労支援、啓発・研修の4つです。相談は無料です。相談できるのは、本人とその家族だけでなく、医療、保健、教育、福祉、労働（企業）、行政などの関係者も対象になっています。

第4章

# 障害者総合支援法の基本を知ろう

## 「障害者総合支援法」とはどんな法律ですか？

障害者に対する施策は、ここ数十年で大きな変化を遂げています。障害者の人たちが地域社会で共生できるよう、福祉サービスの充実や、地域を中心とした支援体制の整備を制度化したものが「障害者総合支援法」です。

### 障害のある人が共生できる地域社会の実現へ

「**障害者総合支援法**」は、正式名称を「**障害者の日常生活及び社会生活を総合的に支援するための法律**」といいます。

かつては、「障害者自立支援法」と呼び、障害者の自立を促すことを目的としていましたが、**ノーマライゼーション**（障害者や高齢者が健常者などと共に同等の生活ができるように支援するべきであるという社会福祉の考え方）が国際社会で浸透し始めたことにより、障害者が共生できる地域社会をめざす法律へと改正されました。

これにより、過去の法律で目的として記載されていた「自立」の文字は、「**基本的人権を享有する個人としての尊厳**」という文言に書き換えられ、これに基づく基本理念が創設されました。

### 利用対象者の拡大と地域の実情に合わせたサービス

「障害者総合支援法」が制定されたことで、福祉サービスに幾つかの変更点が生じました。

利用者にとっての大きな変化は、障害者の範囲が見直され、これまで対象外とされてきた一定の難病がある人が対象として認められたこと、重度訪問介護の対象者が拡大されたこと、それぞれの障害の特性やその人の心身の状態に応じて、必要とされる標準的な支援の度合いによって区分が行われ、適切に判断されるように見直されたことでしょう。

また、どの地域でも同等のサービスを受けられ、かつ、その地域の実情に合わせたサービスを独自に取り入れられるよう、地域生活支援事業の見直しなども図られています。

# 障害者総合支援法のおもなポイント

## 基本理念の創設

基本理念には、以下の文言が明記されています。

　全ての国民が、障害の有無にかかわらず、等しく基本的人権を享有するかけがえのない個人として尊重されるものである。こうした理念にのっとり、
・障害の有無によって分け隔てられることなく、相互に人格と個性を尊重し合いながら共生する社会を実現する。
・全ての障害者及び障害児が可能な限りその身近な場所において必要な日常生活又は社会生活を営むための支援を受けられる。
・社会参加の機会及びどこで誰と生活するかについての選択の機会が確保され、地域社会において他の人々と共生することを妨げられない。
・障害者及び障害児にとって日常生活又は社会生活を営む上で障壁となるような社会における事物、制度、慣行、観念その他一切のものの除去に資する。
以上を旨として、総合的かつ計画的に行わなければならない。

## 障害者の範囲の見直し

　症状が不安定なために障害者手帳を取得しづらかったり、また補助金事業として一部の自治体でしか行われていなかった難病のある人たちが対象に含まれ、その疾病も拡大しています。

## 障害支援区分の改正

　障害の程度による区分ではなく、支援の必要性を標準的な度合いから判断した区分であることから名称を変更し、さらに適切な認定が行われるように判断基準を明確にしています。

## 重度訪問介護の対象者の拡大

　身体障害者のなかでも重度の肢体不自由者にしか認められなかった訪問介護が、そのほか特定の障害がある人たちにも利用できるようになりました。

## 地域生活支援事業の見直し

　どの市区町村でも同様のサービスが受けられるように必須事業を加えるいっぽう、地域社会の実情に合わせた独自のサービスを柔軟に行えるようにしました。

障害者総合支援法の基本

# 対象となるのは どんな人ですか？

「障害者総合支援法」の対象となるのは、身体障害、知的障害、発達障害を含む精神障害、特定の難病のある障害者と障害児で、障害者手帳を取得していなくても、必要と認められれば支援が受けられます。

## 拡大している「障害者総合支援法」の対象

「障害者総合支援法」の条文では、「障害者」の範囲を、それぞれの障害について定めた法律によって定義しています。

難病については、「障害者総合支援法」が定められた際に新たに加えられましたが、その後の検討会により、指定難病（医療費助成となる難病）の基準を踏まえたうえで、「治療法が確立していない」「長期の療養を必要とする」「診断に関し客観的な指標による一定の基準が定まっている」という要件を満たす疾病についても、対象に加えられました。

これにより、平成30年4月現在、359の疾病が障害福祉サービスなどの対象になっています。具体的な疾病は、厚生労働省のホームページで確認することができます。

対象となった人たちは、障害者手帳がなくても、必要と認められれば障害福祉サービスなど（障害福祉サービス・相談支援・補装具及び地域生活支援事業＝障害児の場合は、障害児通所支援と障害児入所支援も含む）を利用することができます。

## 対象の疾病が増えるなか対象外となった疾病もある

いっぽうで、対象外となった疾病もあります。

平成27年1月以降に対象外となった疾病には劇症肝炎と重症急性膵炎が、また、同年7月以降には、メニエール病など16の疾病が対象外となっています。

ただし、それぞれ対象外となった前日までに支給決定などを受けたことがあれば、引き続き障害福祉サービスなどを利用することができます。

## 「障害者総合支援法」による障害者の範囲

### 身体障害者とは

身体上の障害（視覚障害、聴覚または平衡感覚の障害、音声機能・言語機能・そしゃく機能の障害、肢体不自由、内部障害）がある18歳以上の人で、身体障害者手帳の交付を受けている人（身体障害者福祉法）

### 知的障害者とは

知的障害者福祉法にいう知的障害のある18歳以上の人（※知的障害福祉法には、知的障害の定義がない）

### 精神障害者とは

統合失調症、精神作用物質による急性中毒またはその依存症、精神病質その他の精神疾患がある18歳以上の人（精神保健及び精神障害者福祉に関する法律）

### 発達障害者とは

自閉症、アスペルガー症候群、その他の広汎性発達障害、学習障害、注意欠陥多動性障害、その他これに類する脳機能の障害がある18歳以上の人で、日常生活または社会生活で制限を受ける人（発達障害者支援法）

### 難病患者とは

治療方法が確立していない疾病、その他の特殊な疾病がある18歳以上の人（※その後の検討会により、国が定めた指定難病のうち、「長期の療養を必要」とし、「診断に関して客観的な指標による一定の基準が定まっているもの」という要件を満たす難病を追加しています）

### 障害児とは

身体障害、知的障害、発達障害を含む精神障害、一定の難病がある18歳未満の人（児童福祉法）

障害者総合支援法の基本

# 対象となるサービスはどのようなものですか？

障害福祉サービスなど、「障害者総合支援法」の対象者が必要なサービスを個別に利用できる「自立支援給付」と、都道府県と市区町村がそれぞれ主体となって地域の特性を生かした支援をする「地域生活支援事業」があります。

## サービスの利用費を負担する「自立支援給付」

「障害者総合支援法」に基づくサービスは、市区町村が主体となって障害福祉サービスなどを行う「自立支援給付」と、都道府県と市区町村がそれぞれ主体となって行う「地域生活支援事業」に大別されます。

「自立支援給付」は、障害のある人が必要なサービスを個別に選択して利用できるもので、費用のほとんど（または全額）が給付金によってまかなわれます。

おもな「自立支援給付」には、「介護給付費」「訓練等給付費」「自立支援医療費」「補装具費」などがあり、これらについては後述します。

このほか、「地域相談支援給付費」や「計画相談支援給付費」など、相談支援体制を強化するためのサービスも用意されています。

## 地域の特性が生かされる「地域生活支援事業」

「地域生活支援事業」は、各地域で生活する障害者の人たちのニーズに合わせて、都道府県と市区町村が設定するサービスです。

必須事業はあらかじめ定められているため、全国どの自治体でも一定のサービスが受けられ、そのほかに任意の事業が、都道府県と市区町村によってそれぞれ提供されます。

市区町村が提供するサービスは、「相談支援事業」や「移動支援事業」「意思疎通支援事業」など、障害のある人にとって身近なサービスが中心となっており、それらのサービスを提供するための専門性の高い事業を、都道府県が支援しています。

また、障害児に対するサービスは、法律の改正によりすべて児童福祉法に一本化されています。

# 障害者総合支援法のサービス体系

## 自立支援給付

### 障害福祉サービス

**介護給付費**
- 居宅介護　・重度訪問介護
- 同行援護　・行動援護
- 療養介護　・生活介護
- 短期入所　・施設入所支援
- 重度障害者等包括支援

**訓練等給付費**
- 自立訓練（機能訓練・生活訓練）
- 就労移行支援　・就労継続支援
- 就労定着支援　・自立生活援助
- 共同生活援助

**特定障害者特別給付費**
**計画相談支援給付費**
**療養介護医療費**
**補装具費**

**高額障害者福祉サービス等給付費**
**地域相談支援給付費**
**自立支援医療費**
・更生医療　・育成医療　・精神通院医療

※上記には、特例給付費、基準該当医療費がある給付もある

## 地域生活支援事業

理解促進研修・啓発事業
自発的活動支援事業
相談支援事業
成年後見制度利用支援事業
成年後見制度法人後見支援事業
意思疎通支援事業
日常生活用具の給付または貸与事業
手話奉仕員養成研修事業
移動支援事業
地域活動支援センター機能強化事業
任意事業（福祉ホームの運営など）

専門性の高い相談支援事業
専門性の高い意思疎通支援を行う者の養成研修事業・派遣事業
意思疎通支援を行う者の派遣に係る市町村相互間の連絡調整事業
広域的な支援事業
サービス・相談支援者、指導者育成事業
任意事業

## 障害児を対象としたサービス（児童福祉法）

**都道府県**

**障害児通所支援**
・児童発達支援
・医療型児童発達支援
・放課後等デイサービス
・保育所等訪問支援

**障害児入所支援**
・福祉型障害児入所施設
・医療型障害児入所施設

第4章　障害者総合支援法の基本を知ろう　●対象となるサービスはどのようなものですか？

# 相談支援とはどのようなサービスですか？

障害のある人が、地域のなかでできるだけ自立した日常生活や社会生活を送ることができるように、市区町村を中心として、社会福祉サービスの利用や地域生活を送るにあたってのさまざまな相談に応じています。

## 一般的な相談支援と申請が必要な相談支援

相談支援については、地域生活支援事業と自立支援給付の2つの側面からサービスを行っています。

地域生活支援事業では、「相談支援事業」として、地域のなかで障害者の福祉に関するさまざまな問題について対応しており、障害のある人やその保護者などを対象に、生活に必要な情報の提供や相談に応じています。

いっぽう自立支援給付には、障害者福祉サービスを利用するにあたっての「計画相談支援」と、地域で生活し、そこに暮らし続けるための相談などに応じてくれる「地域相談支援」があります。

この2つの相談支援については、サービスの利用を申請して認定されることで給付金が支給されます。

## 障害児の相談支援には児童福祉法も関係する

障害児については、「地域支援事業」と「計画相談支援」において、障害者と同様のサービスが受けられるほか、「障害児相談支援」を利用することができます。

サービス内容は「計画相談支援」と同じで、障害者福祉サービスなどを利用する際に利用計画を立て、その後の利用支援を行うもので、「計画相談支援」が居宅サービスに対して行われるものであるのに対し、「障害児相談支援」は、通所サービスに対しての支援です。そのため、児童福祉法に基づいた事業者が対応します。

ちなみに、障害児の入所サービスについては、児童相談所が専門的な判断を行うため、相談支援の対象外となります。

――― 障害者総合支援法の基本 ―――

## 障害のある人に対する相談支援

| 事業名 | | サービス内容 |
|---|---|---|
| 自立支援給付 | 計画相談支援 | ・サービス利用支援<br>　障害福祉サービス等の申請をした障害者（児）に対して、支給決定前にサービス等利用計画案を作成し、支給決定後にサービスを提供する事業者と連絡調整などを行いつつ、サービス等利用計画を作成する<br>・継続サービス利用支援<br>　支給決定されたサービス等の利用状況の検証（モニタリング）を行い、サービス事業者などとの連絡調整を行う |
| | 地域相談支援 | ・地域移行支援<br>　障害者支援施設や精神病院、児童福祉施設を利用する18歳以上の障害者が退所・退院する際に、地域移行支援計画の作成、住居の確保など地域での生活に移行するために必要な活動の相談、外出時の同行支援、関係機関との調整などを行う<br>・地域定着支援<br>　施設や精神病院から退所・退院した場合や、家族との同居から一人暮らしに移行した場合などに、地域生活を継続していくための支援を行う |
| | 障害児相談支援 | ・障害児支援利用援助<br>　障害福祉サービス等の申請をした障害児に対して、支給決定前に障害児支援利用計画案を作成し、支給決定後にサービスを提供する事業者と連絡調整などを行いつつ、障害児支援利用計画を作成する<br>・継続障害児支援利用援助<br>　支給決定されたサービス等の利用状況の検証（モニタリング）を行い、サービス事業者などとの連絡調整を行う |
| 地域生活支援事業 | 相談支援事業 | ・一般的な相談<br>　障害者やその保護者に対して、障害福祉サービスの利用支援や権利擁護のために必要な援助を行う<br>①福祉サービスを利用するための情報提供、相談<br>②社会資源を活用するための支援<br>③社会生活力を高めるための支援<br>④ピアカウンセリング（平等な立場で話を聞き、自立生活の手助けをする）<br>⑤専門機関の紹介　など<br>（※サービスの内容は、各自治体によって異なる） |

# 補装具（福祉用具・自助具）の支援が受けられるのでしょうか？

補装具は、障害のある人が社会生活を営むうえで必要不可欠なものです。「障害者総合支援法」では、補装具の購入や修理に給付金が支給されるほか、平成30年4月より、借りる場合も支給されることになりました。

### 従来からの購入や修理などへの支援

補装具とは、障害のある人の身体機能を補完したり、失ってしまった体の代わりとして機能する用具で、次のページ（85ページ参照）に示す3つの要件をすべて満たすものと定義されています。

対象者は、補装具を必要とする障害者、障害児、難病患者（政令に定める難病に限る）などで、給付金の申請をすれば原則として費用の1割負担で、補装具の購入や修理を行うことができます。

利用者は、サービスを提供した事業者に対して、費用の全額を支払うとともに、市区町村の窓口に給付金の申請を行うことで、あとから支給を受けます。

この「**償還払方式**」が原則ですが、支給されるまで時間がかかるため、サービスを受けた際に負担額のみを支払い、支給額を事業者から市区町村に申請してもらう「**代理受領方式**」も設けられています。

### 新たに貸与（借受け）も支給の対象に

これまでのサービスに加え、平成30年4月から、適切と考えられる場合には補装具の貸与（借受け）も給付の対象となりました。

「適切」と判断されるのは、以下のようなケースです。

・体の成長に伴い、短期間での交換が必要であると認められる場合
・障害の進行により、短期間の利用が想定される場合
・購入に先立ち、比較検討が必要であると認められる場合

ただし、なかには体に合わせて製作しなければならないものもあるため、対象となる補装具は限られます。

## 補装具の定義

①身体の欠損または損なわれた身体機能を補完・代替するもので、障害別に対応して設計・加工されたもの

②身体に装着（装用）して日常生活または就学・就労に用いるもので、同一製品を継続して使用するもの

③給付に際して専門的に知見（医師の判定書または意見書）を要するもの

## 購入や修理について支給対象となっている補装具

| | |
|---|---|
| 肢体不自由 | 義肢（義手、義足）、装具（上肢、下肢、体幹、靴型）、座位保持装置、車椅子（手動、電動）、歩行器、歩行補助つえ、重度障害者用意思伝達装置（文字等走査入力方式、生体現象方式）、排便補助具、頭部保持具<br>（以下は、障害児のみ対象）<br>座位保持椅子、起立保持具、排便補助具、頭部保持具 |
| 視覚障害 | 盲人安全つえ、義眼、眼鏡 |
| 聴覚障害 | 補聴器 |

※形状や材質、機能などによって、補装具の料金が異なる

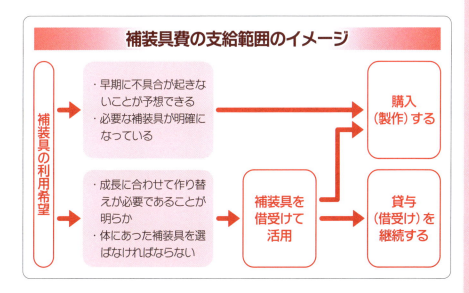

### 補装具費の支給範囲のイメージ

# サービスにかかる費用はどれくらい負担するのですか？

サービスを利用した場合は、原則として1割を負担することになっています。しかし、障害が重くなるほどたくさんのサービスを利用しなければならず、負担が大きくなるため、所得によって上限が決められています。

## 所得で決まる利用料の負担上限額

　サービスを利用したときに、利用者が負担する金額を「利用者負担」といいます。

　かつては、どの利用者も1割を負担する「応益負担（定率負担）」でしたが、これでは障害が重い人ほど利用するサービスが増え、負担する金額も増加してしまうという問題がありました。そこで現在は、サービスの利用料に関係なく、利用者の所得に応じて利用者負担が決まる「応能負担」を採用しています。

　所得に応じて利用者を4つの区分に分け、1カ月に負担する上限額を定めており、利用するサービスが増えても上限額を超える負担は生じません。

　また、負担上限額よりも利用料の1割相当が低い場合には、上限にかかわらず利用料の1割を負担します。

## サービス利用にかかる実際の負担額

　では、サービスを利用するとどのくらいの料金がかかるのでしょうか。

　障害福祉サービスの利用料金は単位数で表され、これに、利用回数を乗じて1カ月に利用した総単位数を算出します。さらに1単位当たりの単価を乗じてサービス費の総額を計算します。

　たとえば、自宅で身体介護をしてもらう場合、30分未満で248単位と定められているので、1カ月に8回利用すると1984単位。1単位が10円の地域ならば1万9840円になります。自己負担はその1割相当の1984円という計算になります（加算・減算は計算に入れていない）。

## 1カ月ごとの負担上限額

| 区分 | 世帯の収入状況 | 負担上限月額 |
|---|---|---|
| 生活保護 | 生活保護受給世帯 | 0円 |
| 低所得 | 市区町村民税非課税世帯（※1） | 0円 |
| 一般1 | 市区町村民税課税世帯（所得割16万円未満（※2））<br>＊入所施設利用者（20歳以上）、グループホーム利用者を除く（※3） | 9,300円 |
| 一般2 | 上記以外 | 3万7200円 |

（※1）3人世帯で障害者基礎年金1級受給の場合、収入がおおむね300万円以下の世帯が対象
（※2）収入がおおむね600万円以下の世帯が対象
（※3）入所施設利用者（20歳以上）、グループホーム利用者は、市町村民税課税世帯の場合、[一般2]となる

## 所得を判断する際の世帯の範囲

| 種別 | 世帯の範囲 |
|---|---|
| 18歳以上の障害者<br>（施設に入所する18、19歳を除く） | 障害のある人とその配偶者 |
| 障害児<br>（施設に入所する18、19歳を含む） | 保護者の属する住民基本台帳での世帯 |

## 応能負担のイメージ

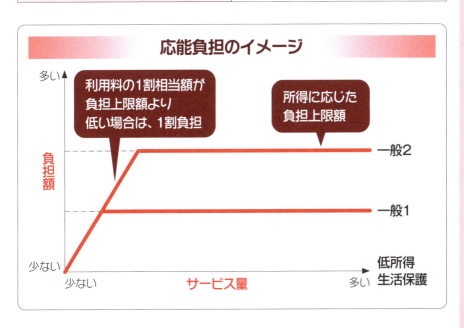

# 経済的に費用の負担が難しい人はどうしたらいいですか？

一つひとつの利用料の負担額は小さくても、毎日のこととなるといろいろと費用がかさんでくるものです。そのような場合でも生活に困らないように、利用者負担の上限額以外にもさまざまな軽減措置が図られています。

## 自己負担額の減額と食費等実費に対する給付金

利用者負担の上限額の設定以外にも、利用するサービスによって、負担額を軽減する制度があります。

### ①医療型個別減免

療養介護を利用する場合、福祉サービスの自己負担額と医療費、食事療養費を合算して上限額を設定します。20歳以上の入所者で低所得の人は、少なくとも2万5000円が手元に残るように、利用者負担額が減免されます。

### ②高額障害福祉サービス等給付費

障害者と配偶者の世帯で、障害福祉サービスの自己負担額（介護保険も合わせて利用している場合は、介護保険の負担額も含む）の合算額が基準額を超えた場合は、高額障害福祉サービス等給付費が支給されます。

また障害児が障害者総合支援法と児童福祉法のサービスを併せて利用している場合、利用者負担額の合算が、それぞれいずれか高い額を超えた部分について給付費が支給されます。なお、いずれの場合も、償還払方式による支給です。

### ③生活保護への移行防止策

これらの負担軽減策を利用しても生活保護の対象となる場合、対象にならない額まで自己負担の上限額や食費等実費負担額が引き下げられます。

### ④食費等実費負担の減免措置

20歳以上の入所者の場合、食費・光熱水費の実費負担について、給付金が支給されるケースがあります。また通所者の場合、所得によっては食材料費のみの負担となります。

### ⑤家賃の助成

グループホームの利用者に対し、家賃の補足給付として月額1万円を上限とした助成があります。

## 利用者負担に関する軽減措置

|  | 入所施設利用者（20歳以上） | グループホーム利用者 | 通所施設（事業）利用者 | ホームヘルプ利用者 | 入所施設利用者（20歳未満） | 医療型施設利用者（入所） |
|---|---|---|---|---|---|---|
| 自己負担 | \multicolumn{6}{l}{**利用者負担の負担上限月額設定** 利用者負担に、所得に応じた負担上限額を設定} |
| ^ | \multicolumn{5}{l}{**高額障害福祉サービス費** 世帯での合算額が基準額を上回る場合、給付費が支給される} | **医療型個別減免** 医療・食事・療養費と合わせ、上限額を設定 |
| ^ |  |  | 事業主の負担による就労継続支援A型事業（雇用型）の減免措置 |  |  |  |
| ^ | \multicolumn{6}{l}{**生活保護への移行防止** 軽減措置を図っても生活保護の対象となる場合、自己負担の上限月額や食費等実費負担額を引き下げる} |
| 食費・光熱費等 | 補足給付 食費・光熱水費を減免 | 食費については実費負担だが、通所施設（事業）を利用した場合は、食費の人件費支給による軽減措置が受けられる | 食費の人件費支給による軽減措置 |  | 補足給付 食費・光熱水費を減免 |  |
| ^ |  | 補足給付 家賃負担を軽減 |  |  |  |  |

第4章 障害者総合支援法の基本を知ろう ● 経済的に費用の負担が難しい人はどうしたらいいですか？

89

## サービスを利用するときはどのような手続きが必要ですか？

サービスを利用する場合は、居住地の市区町村の窓口に申請し、障害支援区分の認定を受けます。その後、相談支援事業者がサービスを利用するための計画案を作成し、給付金の支給が決定したところでサービス利用となります。

### 窓口に申請する前に支援事業者に相談してみる

サービスの利用を希望する場合は、障害のある人または代理人や保護者が、居住地の市区町村の窓口に申請する必要があります。

その際、利用したいサービスを選んで申請することになりますが、どのサービスが適切か決めかねる場合などは、窓口に申請する前に、「指定特定相談支援事業者」に相談しましょう。申請の代行や代理を依頼することもでき、その後、「サービス等利用計画案」を作成して、市区町村に提出してくれます。

障害児については、居宅サービスの場合は、「指定特定相談支援事業者」が計画案の作成をしますが、通所サービスの場合は、児童福祉法に基づく「指定障害児相談支援事業者」が「障害児支援利用計画案」を作成します。

また、介護給付を申請する場合は、計画案を作成する前に、障害支援区分の認定が必要となります。

### 給付金の支給決定にはサービス等利用計画案が必須

市区町村は、相談支援事業者から提出された計画案と、障害者（児）の地域生活や日中の活動状況、介護者、居住環境、就労状況などを勘案し、支給の必要があるかどうかを決定します。

支給が決定となったら、ケアマネジャーを中心にサービス事業者らが集まってサービス担当者会議が開かれ、「サービス等利用計画」が作成されます。

この計画に基づいて、サービス事業者によるサービスが開始され、一定期間ごとに利用状況を確認しながら、サービスの見直しが図られます。

## サービス利用の流れ

**サービス利用の相談**
市区町村が指定した相談支援事業者に相談する

↓

**利用申請**
利用したいサービスを選び、居住地の市区町村に申請する

↓

**障害支援区分の認定**
認定調査によって障害支援区分が決まる

ケアマネジメントの実施

**サービス等利用計画案の作成**
相談支援事業者に作成してもらい、市区町村に提出する

↓

**支給決定**
提出された計画案などをもとに、支給されるかどうかが決まる

↓

**サービス担当者会議**
支給の決定を受けて、相談支援事業者が担当者会議を行う

↓

**支援決定時のサービス等利用計画の作成**
サービス事業者などと連絡調整を行い、実際に行うサービス等利用計画を作成する

↓

**サービス利用の開始**
サービス事業者と利用契約を結ぶ

↓

一定期間ごとのモニタリング

**支給決定後のサービス等利用計画案の見直し**
利用者の状況やサービス内容によって見直しが図られる

● サービスの利用

# 障害支援区分の認定とはどのようなことですか？

障害者総合支援法の対象となっている疾病は350以上ありますが、障害によってその特性はさまざまで、必要な支援の度合いも異なります。その標準的な支援の度合いを6段階の区分に分けて、適切なサービスが提供されます。

## 障害支援区分によっては利用できないサービスもある

障害支援区分は、障害の多様な特性や心身の状態に応じて必要とされる標準的な支援の度合いを、「非該当」と「区分1～6」の7段階に分けたものです。

数字が大きくなるほど、必要とされる支援の度合いが高いという意味で、それぞれの区分に応じて適切なサービスが利用できるように定められています。そのため、認定の結果によっては、利用できないサービスもあります。

障害支援区分の認定を受けるにあたり、市区町村の職員または市区町村から委託を受けた事業者の相談支援専門員などにより認定調査が行われます。基本的には、日常の生活状態がわかる場所を訪問し、家族がいる場合は同席が求められます。

## 障害支援区分を決定する80の調査項目や医師意見書

認定調査の内容は、以下の3つに大別されます。

### ①障害支援区分認定調査

80の項目からなる基本調査で、「移動や動作等」「身の回りの世話や日常生活等」「意思疎通等」「行動障害」「特別な医療」に関して、どの程度の支援が必要かを確認します。

### ②概況調査

現在受けているサービスや、日中の活動状況、介護者、居住環境などについての調査です。

### ③特記事項

80項目の基本調査に対応した調査票で、基本調査では表せない内容を詳細に記述します。

これらの調査結果や、主治医の意見書（医師意見書）を元に、障害支援区分が決定されます。

## 障害支援区分が認定されるまでの流れ

市区町村への申請
↓
- 主治医の意見書（医師意見書）
- 認定調査員による訪問調査の結果（認定調査の結果）

↓
一次判定（コンピュータ判定）
↓
- 主治医の意見書（医師意見書）
- 認定調査員による特記事項

↓
二次判定（市区町村審査会）
↓
市区町村による認定（申請者への通知）

## 障害支援区分ごとの利用できるサービス例（○印）

| サービスの種類<br>（カッコ内の数字は該当ページ） | 非該当 | 区分1 | 区分2 | 区分3 | 区分4 | 区分5 | 区分6 |
|---|---|---|---|---|---|---|---|
| 居宅介護(138) | × | ○ | ○ | ○ | ○ | ○ | ○ |
| 重度訪問介護(138) | × | × | × | × | ○ | ○ | ○ |
| 同行援護(140) | ○ | ○ | ○ | ○ | ○ | ○ | ○ |
| 行動援護(140) | × | × | × | ○ | ○ | ○ | ○ |
| 療養介護(144) | × | × | × | × | × | ○ | ○ |
| 生活介護(142) | × | × | ○ | ○ | ○ | ○ | ○ |
| 短期入所(144) | × | ○ | ○ | ○ | ○ | ○ | ○ |
| 重度障害者等包括支援(138) | × | × | × | × | × | × | ○ |
| 施設入所支援(144) | × | × | × | ○ | ○ | ○ | ○ |

※それぞれのサービス・区分において、一定の要件がある

● サービスの利用

# サービス利用の申請はどのようにすればよいですか？

障害福祉サービスを利用したいときは、居住地の市区町村の窓口に申請書を提出します。基本的には、障害のある本人（障害児の場合は保護者）が申請することになっていますが、代理人が手続きをすることもできます。

## 申請の前に窓口に問い合わせる

利用申請の窓口は、一般的に、市区町村の障害福祉課など障害福祉について担当している部署です。自治体によって担当部署名が異なることもありますが、「障害福祉サービスを受けたい」と伝えれば、窓口を教えてもらえます。

その際、障害のある人が住んでいる市区町村でなければなりません。施設などに入所している場合も、入所する前に住んでいた市区町村の窓口に申請します。

申請手続きは、障害のある人の意思表示に基づいて行われていれば、本人が行う必要はありません。委任状や本人の意思を確認する書類なども不要で、代理人が申請しても受け付けてくれます。

サービスの利用について申請前に事業者に相談する場合は、相談支援事業者が代行してくれます。しかし事業者を探せない場合などは、どこに相談すればよいかを窓口に問い合わせてみるのも１つの方法です。

## 市区町村に提出する申請書類

窓口で提出する書類は、「**支給申請書兼利用者負担減額・免除等申請書**」などの名称で、介護給付費、訓練等給付費、特定障害者特別給付費、地域相談支援給付費の申請に用いられます。

申請者の名前と居住地、障害者手帳を持っている場合はその番号、障害基礎年金１級の受給の有無など、障害のある人の基本的な情報のほか、介護保険サービスを含むサービスの利用状況、申請するサービス、主治医、利用料に対して該当する軽減措置を記入する欄が設けられています。

## 支給申請書兼利用者負担減額・免除等申請書（表）

介護給付費・訓練等給付費・特定障害者特別給付費・地域相談支援給付費支給申請書兼利用者負担額減額・免除等申請書

次のとおり申請します。

　　　　　　　　　　　　　　　　　　　　　　　　　年　　月　　日

| 申請者 | フリガナ 氏名 | | 生年月日 | 年　月　日 |
|---|---|---|---|---|
| | 居住地 | 〒 | 電話番号（　　） | |

| | フリガナ | | 生年月日 | 年　月　日 |
|---|---|---|---|---|
| 支給申請に係る児童氏名 | | | 続柄 | |
| 身体障害者手帳番号 | | | 愛の手帳番号 | |
| 精神障害者保健福祉手帳番号 | | | 疾病名 | |
| 被保険者証の記号及び番号（※） | | | 保険者名及び番号（※） | |

障害基礎年金Ⅰ級の受給の有無（就労継続支援B型のサービスを申請する者に限る。）　　有・無

※「被保険者証の記号及び番号」欄及び「保険者名及び番号」欄は、療養介護を申請する場合に記入すること。

| サービス利用の状況 | 障害福祉関係サービス | 障害支援区分の認定 | 有・無　区分 1 2 3 4 5 6 | 有効期限 | |
|---|---|---|---|---|---|
| | | 利用中のサービスの種類と内容等 | | | |
| | 介護保険サービス | 要介護認定 | 有・無　要介護度 | 要支援（　）・要介護 1 2 3 4 5 | |
| | | 利用中のサービスの種類と内容等 | | | |

| 申請するサービス | 区分 | サービスの種類 | | 申請に係る具体的内容 |
|---|---|---|---|---|
| | | 介護給付費 | 訓練等給付費 | |
| | 訪問系・その他 | □ 居宅介護<br>□ 重度訪問介護<br>□ 同行援護<br>□ 行動援護<br>□ 短期入所<br>□ 重度障害者等包括支援 | | |
| | 日中活動系 | □ 療養介護<br>□ 生活介護 | □ 自立訓練（機能訓練）<br>□ 自立訓練（生活訓練）<br>□ 宿泊型自立訓練<br>□ 就労移行支援<br>□ 就労移行支援（養成施設）<br>□ 就労継続支援A型<br>□ 就労継続支援B型 | |
| | 居住系 | | □ 共同生活援助（グループホーム）<br>□ 施設入所支援 | |
| | 地域相談支援 | □ 地域移行支援<br>□ 地域定着支援 | | |

サービス等利用計画又は個別支援計画を作成するために必要があるときは、障害支援区分認定に係る認定調査・概況調査の内容、サービス利用意向聴取の内容、区市町村審査会における審査判定結果・意見及び医師意見書の全部若しくは一部又は障害福祉サービス受給者証の写しを、世田谷区から指定特定相談支援事業者、指定障害福祉サービス事業者、指定障害者支援施設又は指定一般相談支援事業者の関係人に提示することに同意します。

　　　　　　　　　　　　　　　　申請者氏名　　　　　　　　　　㊞

第4章　障害者総合支援法の基本を知ろう●サービス利用の申請はどのようにすればよいですか？

# 支給申請書兼利用者負担減額・免除等申請書（裏）

(裏面)

| 主治医（※） | 主治医の氏名 | | 医療機関名 | |
|---|---|---|---|---|
| | 所在地 | 〒　　　　　　　　　　　　　　　電話番号　（　） | | |

（※）主治医の欄は、介護給付費、訓練等給付費（共同生活援助に係るものであって、入浴、排せつ、食事等の介護の提供を受けることを希望する場合に限る。）又は地域移行支援（精神科病院（精神科病院以外の病院で精神病室が設けられているものを含む。）に入院している者に限る。）を申請する場合に記入すること。

**申請する減免等の種類**

☐ Ⅰ　負担上限月額に関する認定
　次の区分の適用を申請します。
　（当てはまるものに○を付ける。いずれにも当てはまらない場合は、空欄とすること。）
　1　生活保護受給世帯
　2　区市町村民税非課税世帯（注）に属する者
　　※療養介護を利用する場合は、①又は②の当てはまる方にも○を付ける。
　　① 利用者本人の合計所得金額及び障害者基礎年金等の収入の合計額が80万円以下のもの
　　② ①以外のもの
　3　区市町村民税課税世帯（注）（サービスを利用する者が18歳以上（障害者支援施設入所者は、20歳以上）の場合：所得割16万円未満、サービスを利用する者が18歳未満（障害者支援施設入所者は、20歳未満）の場合：所得割28万円未満）に属する者
　　（注）18歳以上（障害者支援施設入所者は、20歳以上）の利用者の「世帯」の範囲は、「利用者及び住民票上同一の世帯に属する配偶者」とする。以下同じ。

☐ Ⅱ　医療型個別減免に関する認定
　次のいずれにも当てはまるため、医療型個別減免を申請します。

| (20歳以上の利用者)<br>1　療養介護利用者であること。（年齢　　歳）<br>2　区市町村民税非課税世帯に属する者 | (20歳未満の利用者)<br>1　療養介護利用者であること。（年齢　　歳） |
|---|---|

☐ Ⅲ　障害者支援施設入所者に対する特定障害者特別給付費（補足給付）に関する認定（入所施設の食費等軽減措置）
　次のいずれにも当てはまるため、特定障害者特別給付費を申請します。

| (20歳以上の利用者)<br>1　障害者支援施設入所者であること。（年齢　　歳）<br>2　区市町村民税非課税世帯又は生活保護受給世帯に属する者 | (20歳未満の利用者)<br>1　障害者支援施設入所者であること。（年齢　　歳） |
|---|---|

☐ Ⅳ　グループホーム入居者に対する特定障害者特別給付費（補足給付）に関する認定（家賃軽減措置）
　区市町村民税非課税世帯又は生活保護受給世帯に属するため、特定障害者特別給付費を申請します。

☐ Ⅴ　生活保護への移行予防措置（負担額減免措置、補足給付の特例措置）に関する認定
　生活保護への移行予防措置（☐負担額減免措置　☐補足給付の特例措置）を申請します。
　※福祉事務所が発行する境界層対象者証明書を添付すること。

いずれも、事実関係を確認することができる書類を添付して申請すること。

| 申請書提出者 | ☐申請者本人　☐申請者本人以外（下の欄に記入） | | |
|---|---|---|---|
| 氏　　名 | | 申請者との関係 | |
| 住　　所 | 〒　　　　　　　　　　　　　　　電話番号　（　） | | |

第5章

# 医療面で利用できるサービス

医療費

# 交通事故によるケガの後遺症への補償はある？

自動車やバイクによる交通事故の被害者には、加害者が加入する保険から治療費や慰謝料が支払われます。ケガの治療費などはもちろん、程度に応じて、後遺症（後遺障害）に対しても保険金が支給されます。

## 交通事故が原因の障害も賠償の対象に

　自動車やバイクは、「**自動車損害賠償責任保険（自賠責保険）**」に加入することが義務づけられています。人身事故の被害者には、加害者の加入している保険会社から治療費や慰謝料などが支払われます。保険金は「傷害（ケガ）」「後遺障害」「死亡」による損害に対して支払われ、それぞれ被害者ひとりあたりの限度額が決められています。

　傷害に対する限度額は120万円。治療費や文書費（事故証明などの発行費用）、慰謝料、休業損害などが含まれます。治療費や文書費は実費、慰謝料や休業損害は1日あたりの金額で算出されます。後遺障害は、症状によって1〜14級に等級分けされ、等級に応じた金額（75万円〜4000万円、介護を要する後遺症の第1級は4000万円）が支払われます。

## 加害者による請求のほか被害者からの請求も可能

　保険金の請求方法には、「加害者請求」と「被害者請求」の2種類があります。加害者請求は、いったん加害者自身が被害者に賠償金などを支払った後、保険会社に保険金を請求するもの。被害者請求は、被害者が加害者の保険会社に賠償を請求するものです。加害者請求は賠償金を支払ってから3年以内、被害者請求は傷害なら事故発生から3年以内、後遺傷害なら症状が固定（医師による判断が必要）してから3年以内に請求しないと時効となります。

　いずれの場合も、必要な書類を保険会社に提出すると、損害保険料率算出機構の調査事務所による調査が行われます。保険会社は調査結果をふまえて支給額を決定し、請求者

に支払います。

　調査等には時間がかかるため、被害者が当座の治療費や生活費を必要とするは、「仮渡金(かりわたしきん)」を請求できる制度があります。仮渡金は保険金の前払いのようなもの。支給額が決まる前に一定の金額を受け取ることができ、支給額の決定後に、差額を受けとりまたは返還します。

## 交通事故が起きたときは

　自賠責保険を請求する際は、「交通事故証明書」が必要です。交通事故証明書は警察への届出のない事故には発行されないので、まずは事故が起きたときは必ず警察に届けましょう。

### ◆申請方法
**[申請できる人]**
- 交通事故の加害者
- 交通事故の被害者
- 交通事故証明書の交付を受けることについて、正当な利益のある人
（例：損害賠償の請求権のある親族、保険金の受取人など）

**[申請手続き]**

**①ゆうちょ銀行・郵便局での払い込み**

　証明書申込用紙に必要事項を記入のうえ、最寄りのゆうちょ銀行・郵便局に手数料を添えて申し込みます。交付手数料は1通につき540円。ほかに、払込料金がかかります。

**②センター事務所窓口での申し込み**

　最寄りのセンター事務所の窓口において、窓口申請用紙に必要事項を記入のうえ、手数料を添えて申し込みます。交通事故資料が警察署等から届いていれば、原則として交通事故証明書を即日交付になります。

**③インターネットでの申し込み**

　自動車安全運転センター（http://www.shinsei.jsdc.or.jp/）のサイトにアクセスし注意事項を確認のうえ申し込みます。交付手数料の支払いは、コンビニなどで行います。交付手数料は1通につき540円。ほかに、コンビニなどからの払込手数料が必要。

# 仕事中や通勤途中でのケガに対する補償って？

通勤中も含む仕事中のケガや、仕事が原因の病気に対しては労災保険が適用され、治療費は全額、会社などの負担となります。障害が残った場合は、程度に応じて一時金や年金などが支給されます。

## 仕事中のけがなどは労災保険で補償される

　従業員をひとりでも雇用している事業所は、原則として「**労働者災害補償保険（労災保険）**」への加入が義務づけられ、その保険が適用されると、労働者が仕事中や通勤途中にケガをしたり、仕事が原因で病気になったりした場合、労災保険によって治療費や休業中の賃金の補償が行われます。

　労災保険は、正社員やアルバイトといった雇用形態にかかわらず、会社などから賃金を受けとって働くすべての人が対象となります。保険料はすべて事業主が負担します。ただし、国家公務員と地方公務員は、労災保険ではなく公務員のための災害補償法の対象となります。また、仕事中などに交通事故でケガをした場合、労災保険ではなく自賠責保険（98ページ参照）が優先的に適用されます。

## 労災保険の請求は会社経由で行うことが多い

　ケガや病気の治療を健康保険で行った場合、一定の割合の自己負担が必要です。でも、労災保険の適用が認められると、治療費は全額、労災保険から支払われます。さらに治療のために仕事を休んだ場合、休業した4日め以降は、1日あたり賃金の80％が支払われます。

　また、ケガなどが治った後に障害が残った場合は、一時金や介護のための給付金、年金なども支給されます。障害は程度によって1〜14級に分類され、等級に応じて金額が決められます。

　労災保険は、本人や家族のほか、本人にかわって会社などが申請することもできます。労災ではないかと

思われるときは、まず会社の担当部署に相談しましょう。個人で申請する場合は、補償内容に応じた支給請求書に診断書などを添えて労働基準監督署に提出します。ただし、療養補償給付（ケガなどの治療費の支給）については、労災病院や労災指定医療機関を受診した場合、治療費は無料。治療後に、支給請求書を病院に提出します。

## 傷害補償給付支給請求書の例

# 医療費の自己負担額を減らす制度があるって本当?

医療費による負担を軽くするため、自己負担額には上限が定められており、それを超えた分は健康保険から払い戻される制度があります。適用されるのは、医療費や薬代など。食費や差額ベッド代、保険外診療費などは含まれません。

## 医療費の自己負担額には上限がある

医療費が高額になった場合、1カ月ごとに一定額を超えた分が払い戻される制度があります。これを「**高額療養費制度**」といいます。1カ月の自己負担額の上限は、年齢(70歳以上と70歳未満)、所得に応じて決められています。たとえば70歳未満で年収が約370万~770万円の場合、上限は8万円超程度です。ただし、この制度で「1カ月」とされるのは、月初から月末まで。月をまたいでしまったものをまとめることはできません。

対象となるのは健康保険が適用される医療機関や薬局への支払いの自己負担額です。ひとりの人が複数の医療機関に支払った費用のほか、同じ世帯で同じ医療保険に加入している家族の医療費も合算することができます(**世帯合算**)。ただし70歳未満では、医療機関ごとに入院と外来、医科と歯科に分けて金額を合計し、2万1000円以上の自己負担のみ合算されます。また、過去12カ月以内に3回以上、高額療養費制度を利用している場合、4回めからは上限の額が引き下げられます(**多数回該当**)。

## 高額療養費の支給を受けるには

高額療養費の受給には、ふたつの方法があります。ひとつめが、自己負担分をいったん支払い、その後に申請するもの。ふたつめが、事前に手続きをしておく方法。70歳未満の場合、加入している医療保険の担当窓口に申請すると「**限度額適用認定証**」が交付されます。この認定証を医療機関などで提示すれば、窓口での支払いは自己負担の上限までになります。

# 高額療養費の上限額

## ◆70歳未満の場合

| 適用区分 | ひと月の上限額（世帯ごと） | 多数回該当の場合 |
|---|---|---|
| 年収約1,160万円～ | 252,600円+（医療費－842,000円）×1% | 140,100円 |
| 年収約770万円～約1,160万円 | 167,400円+（医療費－558,000円）×1% | 93,000円 |
| 年収約370万円～約770万円 | 80,100円+（医療費－267,000円）×1% | 44,400円 |
| ～年収約370万円 | 57,600円 | 44,400円 |
| 住民税非課税者 | 35,400円 | 24,600円 |

## ◆70歳以上の場合

| 適用区分 | | ひと月の上限額（世帯ごと） 外来（個人ごと） | | 多数回該当の場合 |
|---|---|---|---|---|
| 現役並み | （Ⅲ）年収約1,160万円～ | 252,600円+（医療費－842,000円）×1% | | 140,100円 |
| | （Ⅱ）年収約770万円～約1,160万円 | 167,400円+（医療費－558,000円）×1% | | 93,000円 |
| | （Ⅰ）年収約370万円～約770万円 | 80,100円+（医療費－267,000円）×1% | | 44,400円 |
| 一般 | 年収約156万円～約370万円 | 18,000円 年間上限144,000円 | 57,600円 | 44,400円 |
| 住民税非課税等 | Ⅱ 住民税非課税世帯 | 8,000円 | 24,600円 | |
| | Ⅰ 住民税非課税世帯（年金収入80万円以下など） | | 15,000円 | |

※「住民税非課税」の区分については多数回該当の適用はありません

医療費

# 医療費と介護費をまとめて負担を軽くする制度がある？

医療保険と介護保険の両方を利用した場合、それぞれの自己負担額の合計が一定以上になると、上限を超えた分の払い戻しを受けることができます。毎年、8月1日～翌年の7月31日の1年間にかかった金額を合算します。

### 介護サービス費の自己負担額には上限がある

　病気やケガが完治するまでに時間がかかったり後遺症が残ったりした場合、医療機関での治療に加えて、家庭や施設での介護が必要になることがあります。65歳以上で要介護または要支援と認定された人や、40～64歳で「**特定疾病**」と定められた病気（147ページ参照）によって要介護認定を受けた人は、介護保険が適用されるサービスを、1割または2割(1部3割)の自己負担で利用することができます。

　介護サービスの利用額には、要介護・要支援度によって上限が決められており、それを超えた分は、全額自己負担となります。ただし、1カ月（月初～月末）あたりの自己負担額にも上限があり、一定の金額を超えた分は「**高額介護サービス費**」として払い戻されます。自己負担額の上限は、所得によって異なります。

### 医療費と介護費の合計額にも上限がある

　医療保険と介護保険の両方を利用した場合、高額療養費（102ページ参照）と高額介護サービス費の自己負担額を合算し（1世帯、1年あたり）、一定額を超えた分は払い戻される制度があります。これを「**高額医療・高額介護合算療養費制度**」といいます。自己負担額の上限は年齢、所得によって異なります。

　たとえば、夫婦ともに70歳以上で住民税非課税世帯の場合、高額介護サービス費、高額療養費の上限は、それぞれ2万4600円。1年あたりの自己負担額は59万400円（24600円×12カ月×2制度分）です。ただし、高額医療・高額介護合算療養費制度を利用すれば、自己負

担額の上限は31万円となります。払い戻しを受ける場合は、申請書に市区町村役場で交付される介護保険の「自己負担額証明書」を添えて医療保険の担当窓口に提出します。

## 高額医療・高額介護合算療養費制度を利用すると……

夫婦ともに75歳以上・住民税非課税の場合

|  | 自己負担額の上限 ||
|---|---|---|
|  | 1カ月あたり | 1年あたり |
| 高額療養費 | 2万4600円 | 29万5200円 |
| 高額介護サービス費 | 2万4600円 | 29万5200円 |
| 合計 |  | 59万400円 |

1年あたり約28万円の軽減！

自己負担の限度額 31万円

高額医療・高額介護合算療養費制度での金額

## 高額介護サービス費上限額

|  | 自己負担の限度額（月額） |
|---|---|
| 現役並み所得相当 | 44,400円（世帯） |
| 一般 | 44,400円（世帯）<br>年間上限額＝446,400円（37,200円（改正前）×12） |
| 市区町村民税世帯非課税等 | 24,600円（世帯） |
| 年金収入80万円以下等 | 24,600円（世帯）　15,000円（個人） |

※高額療養費の上限は103ページ参照

## 高額医療・高額介護合算療養費制度の上限額

◆70歳以上の場合

| 現役並み所得者 | 690万円以上 | 212万円 |
|---|---|---|
|  | 380万円以上～690万円未満 | 141万円 |
|  | 145万円以上～380万円未満 | 67万円 |
| 一般 || 56万円 |
| 低所得者2 || 31万円 |
| 低所得者1 || 19万円 |

◆70歳未満の場合

| ア（所得900万円超） | 212万円 |
|---|---|
| イ（所得600万円超～900万円） | 141万円 |
| ウ（所得210万円超～600万円） | 67万円 |
| エ（所得210万円以下） | 60万円 |
| オ（住民税非課税世帯） | 34万円 |

**医療費**

# 訪問看護やリハビリって医療保険でも受けられる？

在宅療養をする場合の訪問看護やリハビリテーションの費用には、医師が必要と判断すれば、医療保険が適用されます。医療保険の場合、利用できる回数や期間が決められており、自己負担の割合も介護保険とは異なります。

## 看護師が自宅を訪れる訪問看護

　自宅で病気やケガの療養をしている場合、主治医の指示によって訪問看護を利用することがあります。訪問看護とは、看護師が自宅を訪れ、医療的な処置や日常的なケア、リハビリなどを行うものです。

　訪問看護は介護保険と医療保険で利用することができますが、要介護または要支援認定を受けている場合は、介護保険が優先されます（要介護・要支援であっても、厚生労働省が定める疾病の場合は医療保険が適用される）。介護保険が適用されない場合は、医師が必要性を認めれば、医療保険で訪問介護を受けることができます。

　医療保険による訪問看護の利用は、原則として週3回まで。3割負担の場合、1日あたりの自己負担額は1665円です。訪問看護の費用も、高額療養費（102ページ参照）の対象に含まれます。

## リハビリは一定期間を過ぎると介護保険へ移行

　病気やケガの治療を終えて退院した後、機能回復などのために外来でのリハビリテーションが必要になることもあります。医療保険が適用されるリハビリテーションは5種類あり、それぞれ受けられる期限が決められています。期限を超えて継続する場合は、介護保険などを利用します。（心筋梗塞など11種の疾患の場合、医師が改善が期待できると判断すれば期限を超えても医療保険でリハビリテーションを継続することができる）。介護保険サービスには、通所リハビリテーション（デイケア）と訪問リハビリテーションがあります。

## 外来のリハビリテーションと医療保険で受けられる期間

| リハビリテーションの種類 | 症状 | 期間 |
| --- | --- | --- |
| 心大血管疾患リハビリテーション | 急性心筋梗塞、慢性心不全など | 治療開始日から150日 |
| 脳血管疾患リハビリテーション | 脳梗塞、脳腫瘍、神経疾患、高次脳機能障害など | 発症・手術または急性増悪から180日 |
| 運動器リハビリテーション | 腕や脚の複合的な損傷、関節の変形疾患など | 発症・手術または急性増悪から150日 |
| 呼吸器リハビリテーション | 急性・慢性の呼吸器疾患、呼吸機能訓練が必要な人など | 治療開始日から90日 |
| 廃用症候群リハビリテーション | 安静による廃用症候群で運動や言語、日常生活に必要な能力が低下している人 | 廃用症候群の診断または急性増悪から120日 |

※リハビリテーションを受けられる期間には、入院中のものも含まれる。回復期リハビリテーション病院に転院した場合は、転院日から起算する

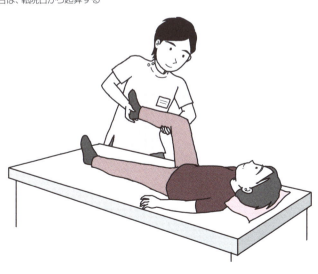

**医療費**

# 入院して会社を休んだときに支給される手当がある？

会社員、公務員、船員などの場合、病気やケガによる休職中には、加入している健康保険から、これまでの収入に対して一定割合の手当が支給されます。給料が支払われない期間中、本人とその家族の生活を守るための制度です。

## 連続して休んだ4日めから支給される

会社員などが病気やケガのために仕事を休まなければならないときは、加入している健康保険から「**傷病手当金**」が支給されます。支給が認められるのは、次の①～④のすべてに当てはまる場合です。ただし、自営業者などが加入する国民健康保険には、傷病手当金のような制度はありません。

①業務上または通勤途中に生じた病気やケガではないこと
②仕事につけない状態であること
③続けて3日以上休んでいること
④休業中、会社などから給与が支払われないこと

①については、労災保険（100ページ参照）が適用される場合、傷病手当金は支給されません。ただし、1日あたりの金額を比較して、労災保険で支給される金額が傷病手当金より低い場合は、その差額が支給されます。④については、給与の一部が支払われる場合、傷病手当金より金額が低いときは差額が支給されます。

支給の対象となる期間は、続けて3日休んだ翌日から1年6カ月まで。**前年の賃金の約3分の2**が支給されます。健康保険に1年以上加入している人の場合、退職時に傷病手当金を受給または受給条件を満たしていれば、退職後も手当てを受けとることができます。

## 申請は会社経由で行うことが多い

傷病手当金は、会社経由で請求するのが一般的です。受給条件に当てはまる場合は、まず会社の担当部署に相談しましょう。個人で手続きを行う場合は、必要事項を記入した

「傷病手当金支給申請書」を健康保険の担当窓口に提出します。申請書には本人が記入する欄のほか、事業主（会社）と療養担当者（主治医）が記入する欄があるので、それぞれに依頼する必要があります。申請書を提出してから入金までは、2～3週間ほどかかります。

## 「待期3日間」が完成しないと支給されない

3日間連続して休んだあと、4日め以降の仕事に就けなかった日に対して支給されます。その3日間には有給休暇を取得した日、土日、祝日などの公休日も労務不可能であった場合は待期期間に含まれます。

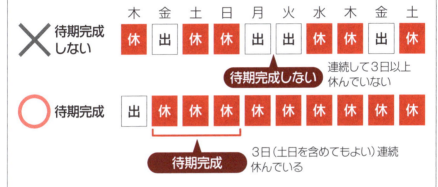

## 支給される期間

傷病手当金が支給されるのは支給開始日から1年6カ月で、その間に出勤して給与支払いがあったら、その期間も1年6カ月に含まれます。

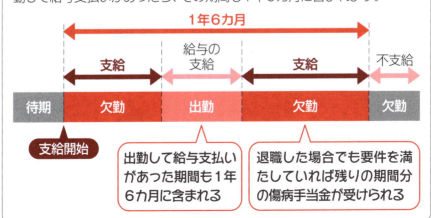

自立支援医療

# 障害者総合支援法にも医療的支援があるのですか？

心身の障害を治療するための医療費に対して、自己負担額を軽減するための「自立支援医療」という給付制度があります。この制度を利用するには、各市区町村の窓口への申請が必要です。

## 利用できる対象者が制度によって異なる

「自立支援医療」は、心身の障害を除去・軽減するための医療について、医療費の自己負担額を軽減する制度です。

3つの制度に大別され、それぞれ対象が異なります。

### ①精神通院医療

特定の精神疾患がある人で、通院による精神医療を継続的に必要とする人。

### ②更生医療

特定の身体障害がある人で、手術などの治療により、確実に効果が期待できる18歳以上の人。

### ③育成医療

特定の障害をもつ児童で、手術などの治療により確実に効果が期待できる18歳未満の人。また、障害にかかわる医療を行わないと、将来障害を残すと認められる疾患がある児童。

制度自体は障害者総合支援法に基づきますが、対象となる疾患は、それぞれ規定する法律が異なるため、支給を希望する場合は窓口に相談しましょう。

## 原則1割の自己負担で上限額も設定される

申請の窓口はすべて市区町村ですが、精神通院医療のみ都道府県が実施主体となります。

また、更生医療については、市区町村に申請したのち、身体障害者更生相談所が支給認定の判定を行います。

支給が認定されれば、自己負担額はいずれも原則1割となり、所得や治療の状況によっては自己負担額の上限が適用されます。

## 自立支援医療の対象となるおもな疾患・障害

| 精神通院医療 | | 更生医療 | 育成医療 |
|---|---|---|---|
| ①病状性を含む器質性精神障害<br>②精神作用物質使用による精神及び行動の障害<br>③統合失調症、統合失調型障害及び妄想性障害<br>④気分障害<br>⑤てんかん<br>⑥神経症性障害、ストレス関連障害及び身体表現性障害<br>⑦生理的障害及び身体的要因に関連した行動症候群<br>⑧成人の人格及び行動の障害<br>⑨精神遅滞<br>⑩心理的発達の障害<br>⑪小児期及び青年期に通常発症する行動及び情緒の障害<br>(①〜⑤は「重度かつ継続」の対象疾患) | 視覚障害 | 白内障、網膜剥離、瞳孔閉鎖、角膜混濁 | 白内障、先天性緑内障 |
| | 聴覚障害 | 鼓膜穿孔、外耳性難聴 | 先天性耳奇形 |
| | 言語障害 | 外傷性又は手術後に生じる発音構語障害 | 口蓋裂等 |
| | 肢体不自由 | 関節拘縮、関節硬直 | 先天性股関節脱臼、脊椎側湾症、くる病 |
| | 内部疾患 | (心臓)先天性疾患、後天性心疾患<br>(腎臓、肝臓、小腸)機能障害<br>(免疫)HIVによる機能障害 | (※心臓、腎臓、肝臓、小腸、免疫は更生医療と同じ)<br>(その他の先天性内臓障害) |

## 自立支援医療における利用者負担

| 所得区分 | | | 更生医療・精神通院医療 | 育成医療 | 重度かつ継続 |
|---|---|---|---|---|---|
| 一定所得以上 | | 市区町村民税23万5000円以上 | 対象外 | 対象外 | 2万円 |
| 中間所得 | 中間所得1 | 市区町村民税3万3000円以上23万5000円未満 | 医療保険の高度療養費(※) | 1万円 | 1万円 |
| | 中間所得2 | 市区町村民税課税以上3万3000円未満 | | 5000円 | 5000円 |
| 低所得2 | | 市区町村民税非課税(低所得1を除く) | 5000円 | 5000円 | 5000円 |
| 低所得1 | | 市区町村民税非課税(本人または障害児の保護者の収入が80万円以下) | 2500円 | 2500円 | 2500円 |
| 生活保護 | | 生活保護世帯 | 0円 | 0円 | 0円 |

※精神通院のほとんどは「重度かつ継続」

第5章 医療面で利用できるサービス ● 障害者総合支援法にも医療的支援があるのですか?

## 自立支援医療の申請に必要な書類

|  |  | 精神通院医療 |  | 更生医療 | 育成医療 |
|---|---|---|---|---|---|
|  |  | 支給認定の申請のみ行う | 手帳の交付と支給認定の申請を同時に行う |  |  |
| 申請先 |  | 市区町村（実施主体は都道府県） |  | 市区町村 | 市区町村 |
| 必要書類 | 1 | 認定申請書<br>※受診者本人（18歳未満の場合は保護者）のマイナンバーの記載が必要 |  | 認定申請書<br>※受診者本人のマイナンバーの記載が必要 | 認定申請書<br>※保護者のマイナンバーの記載が必要 |
|  | 2 | 医師の意見書<br>指定自立支援医療機関において精神障害の診断・治療を行う医師によるもの<br>※高額治療継続者は、「重度かつ継続」に関する意見書も必要 | 医師の診断書<br>精神保健指定医や精神障害の診断・治療を行う医師で、指定自立支援医療機関にて精神通院医療を担当する医師による、精神障害者保健福祉手帳用の診断書<br>※高額治療継続者は、「重度かつ継続」に関する意見書も必要 | 医師の意見書<br>指定自立支援医療機関の担当医師が作成する意見書 | 医師の意見書<br>指定自立支援医療機関の担当医師が作成する意見書 |
|  | 3 | 医療保険の加入関係を示すもの（被保険者証・被扶養者証・組合員証など）※受診者及び受診者と同一の世帯に属する人全員の名前が記載されていること ||||
|  | 4 | 受診者が属する世帯の所得状況を証明するもの<br>・市区町村民税の課税世帯は課税状況が確認できる資料<br>・市区町村民税非課税世帯は受給者にかかわる収入の状況が確認できる資料<br>・生活保護受給世帯または支援給付受給世帯の証明書 ||||
|  | 5 |  |  | 身体障害者手帳の写し |  |
|  | 6 |  |  | 腎臓機能障害に対する人工透析療法の場合は、特定疾病療養受領証の写しが必要 |  |

# 第6章

# 働くために利用したいサービス

給付や手当

# 退職後、「失業保険」を受給する方法は？

一般に「失業保険」と言われるのは、雇用保険から支給される「求職者給付」のこと。会社などに雇用されていた人が再就職するまでの生活を支えるためのもので、ハローワークに登録して求職活動を行うことが受給の条件です。

## 失業者のためではなく求職者のための手当

　会社員などが退職・失業したときは、雇用保険から「**求職者給付**」が支給されます（116ページ参照）。受給の条件は、退職するまでに雇用保険の被保険者期間（会社などに雇用され、働いた日数が1カ月あたり11日以上ある月数）が12カ月以上あることと、求職活動を行っていることです。そのため、病気やケガなどのために求職活動を行っていない人は、給付の対象外となります。

　求職者給付の基本手当は、雇用保険の加入期間（会社などに雇用されて働いた期間）と退職の理由などに応じた額が支給されます。退職者は、自己都合による「**一般離職者**」、倒産・解雇など会社都合による「**特定受給資格者**」、労働契約の更新がされない場合や、病気やケガ、介護といった正当な理由による「**特定理由離職者**」に分類されます。特定受給資格者や特定理由離職者の場合、給付までの待期期間が短縮され、受給期間も長くなります。また、身体障害者、知的障害者、精神障害者は制度上の「**就職困難者**」に該当するため、給付期間が長く、求職活動の回数も少なく設定されています。

## 失業給付の受給には求職活動の実績が必要

　求職者給付を受給する場合は、在職中に会社から「**離職票**」を交付してもらいます。退職後、ハローワークで求職の申し込みをし、必要事項を記入した離職票を提出します。手続きには、マイナンバーがわかるものや身分証明書、預金通帳など口座番号がわかるもの、顔写真、印鑑などが必要です。要件を満たしていることが確認されると「受給資格者」

と認められます。

　受給資格者は、指定された「雇用保険受給者初回説明会」に出席しなければなりません。その後、原則として4週間に1回ハローワークに出向き、「**失業認定申告書**」を提出して失業の認定を行います。失業給付を受給するためには、失業の認定日から次の認定日までの間に2回以上の求職活動の実績が必要です。

## 失業認定申告書の例

### 給付や手当

# 求職中に受給できる手当にはどのようなものがある？

雇用保険から支給される求職者給付には、ハローワークで受給資格者と認定された人のための「基本手当」のほか、職業訓練を受ける人のための「技能習得手当」「寄宿手当」、病気やケガをした人のための「傷病手当」などがあります。

## 受給資格者と認定されると支給される基本手当

求職中に受給できる手当には、いくつかの種類があります。雇用保険に加入していた期間などの条件を満たしている場合に支給されるのが「**基本手当**」(114ページ参照)。退職前の6カ月間について1日あたりの賃金の平均額を出し、その50〜80%(60〜64歳の場合は45〜80%)が支給されます。ただし、年齢(4段階に区分される)ごとに金額の上限が決められています。

基本手当の給付期間は、年齢や雇用保険の被保険者だった期間、離職の理由などに応じて90〜360日間と設定されています。制度上、「**就職困難者**」とされる身体障害者、知的障害者、精神障害者などの場合は、150日、300日、360日のいずれかになります。

## 基本手当に加えて支給される手当

再就職のためにハローワークの所長などが指示した公共職業訓練を受ける場合は、基本手当に加えて「**技能習得手当**」が支給されます。技能習得手当には、1日あたり500円(上限は40日)の「受講手当」と、交通費(実費・上限は月額4万2500円)としての「通所手当」が含まれます。また、受講のために家族と別居して寄宿する場合には、月額1万700円を支給する「**寄宿手当**」もあります。これらの手当を受給するためには、「公共職業訓練等受講届・通所届」に受給資格者証を添えてハローワークに提出する必要があります。

また、ハローワークで求職の申し込みをした後、病気やケガのために就職できない期間が15日以上続いた場合は、「**傷病手当**」として、基

本手当の日額と同額が支給されます。ただし、健康保険の傷病手当金を受給している人には、雇用保険の傷病手当は支給されません。傷病手当を受給するためには、原因となった病気やケガが治ってから最初の認定日までに、「傷病手当支給申請書」をハローワークに提出します。傷病手当支給申請書には、診察した医師に記入してもらわなければならない欄もあります。

傷病手当支給申請書の例

## 給付や手当

# 求職者給付以外にも就職活動に役立つ手当がある？

雇用保険には、求職者給付のほかにも各種の手当を支給する制度があります。どれも、求職者がよりよい仕事を得るための就職活動を支援し、安定した再就職先で継続して働くことができるようにするためのものです。

### 再就職した人に支給される就業促進手当

ハローワークで受給資格者と認定された人が早い段階で就職した場合、「就業促進給付」が支給されることがあります。就業促進給付には、「就業促進手当」「移転費」「広域求職活動費」「短期訓練受講費」「求職活動関係役務利用費」の5種類があります。就業促進手当は、さらに次の4種類に分類されています。

#### ①再就職手当

社員や長期の契約など、安定した雇用形態で就職した時点で基本手当の支給日数が3分の1以上残っている場合、残りの日数に応じて、基本手当の60～70％が支給されます。

#### ②就職促進定着手当

再就職手当の受給者が6カ月以上雇用され、就職後の賃金の日額が前職より低い場合、その差額の6カ月分が支給されます。

#### ③就業手当

就職した時点で基本手当の支給日数が一定以上残っており、就職先の雇用形態が安定していない（短期の契約など）場合、就業日数に応じて基本手当の30％が支給されます。

#### ④常用就職支度手当

制度上、「就職困難者」とされる身体障害者、知的障害者、精神障害者などが基本手当の支給日数を残して安定した職業についた場合、残りの日数に応じて基本手当の40％が支給されます。

### 就職活動などを支援する各種の手当

就職促進給付の「移転費」は、ハローワークから紹介された職業についたり、公共職業訓練を受けたりするために引っ越しをしなければならない人のための手当。本人と家族の

交通費などが支給されます。

「広域求職活動費」は、ハローワークの紹介で遠方の会社を訪ねる際に、交通費と宿泊費が支給されるもの。「短期訓練受講費」は、ハローワークの指導によって再就職に必要な職業訓練を受けた場合、そのために支払った金額の20％（上限は10万円）が支給されるものです。

「求職活動関係役務利用費」は、子育て中の求職者が対象。就職面接や職業訓練の受講のために保育サービスを利用した場合、その費用の80％（上限は1日あたり6400円）が支給されます。対象となる日数は、面接などのための日は15日、職業訓練のための日は60日が上限となっています。

第6章 働くために利用したいサービス● 求職者給付以外にも就職活動に役立つ手当がある？

## 広域求職活動費支給申請書の例

就労支援

# 「障害者雇用促進法」ってどんな法律？

働くことは、すべての人に認められた権利のひとつです。障害者雇用促進法では、すべての企業などに対して障害者であることを理由に不利な取り扱いをすることを禁じ、障害者が働きやすいように配慮することを義務づけています。

## 障害者の雇用就労を増やすための法律

障害者の雇用には、ふたつの法律がかかわっています。ひとつめが「障害者差別解消法」。この法律では、雇用や就労の面で障害者差別が禁止されています。そして、さらに、雇用や就労に関する具体的な内容が盛り込まれているのが「障害者雇用促進法」です。

障害者が企業などで働く場合、「福祉的就労」と「雇用就労」の2種類があります。福祉的就労は、機能回復や生活面での訓練を意識したもの。企業などとの間に契約関係はなく、賃金も低いことがほとんどです。これに対して雇用就労は、労働基準法をベースに企業と雇用関係を結んで働くもの。一定レベル以上の能力や成果を求められますが、労働者として法的に保護されるようになります。

障害者雇用促進法は、障害者の雇用就労を後押しするための法律です。

## 差別の禁止と合理的な配慮を義務づける

障害者雇用促進法では、労働者の募集や雇用形態、賃金、教育訓練、昇進、福利厚生、その他すべての待遇において、障害者であることを理由に差別的な取り扱いをしてはならない、と定めています。また、すべての事業主に対して、障害者が働きやすい環境づくり（車いすでも移動できるようにスロープを設置する、聴力障害をもつ人をサポートする手話通訳者を配置する、など）への配慮や、障害特性に対する理解を深めることなども求められています。さらに、雇用した障害者からの相談などに対応できる体制を整え、本人から苦情が出た場合、それを解決する努力をしなければなりません。社内

で解決できない場合は、各都道府県の労働局による指導や、第三者による調停が行われます。

また、一定の規模以上の企業などは、従業員数に対して2.2〜2.5％以上（今後、雇用率は引き上げられる）の割合で障害者（身体障害者、知的障害者、精神障害者）を雇用することが義務づけられています。

## 障害者雇用促進法による事業主の義務

### 差別の禁止

**雇用における障害を理由とする差別の例**

- ✗ 採用を見送る
- ✗ 採用基準を満たす求職者の中から、障害者ではない人を優先的に採用する
- ✗ 賃金を低く設定する
- ✗ 昇進・昇格をさせない
- ✗ 研修などの教育訓練を受けさせない
- ✗ 労働契約の更新に不利な条件をつける

など

### 合理的な配慮の提供

**合理的な配慮の具体例**

- ○ 採用試験の際、受験者に応じて試験問題の点訳・音訳などを行う
- ○ 通勤の際の負担を軽くするために、出社・退社時刻を調整する
- ○ 車いすの利用者に合わせて、机の高さなどを調整する
- ○ 聴覚障害などをもつ人への指示を、メモやメールで行う
- ○ 口頭での指示を理解するのが難しい場合、図やイラストなどを用いる

など

就労支援

# 就職を希望するときはどこに相談すればよい？

障害をもつ人の働き方は、本人の希望や適性によってさまざまです。求人の紹介はハローワークが窓口となっていますが、自分に合った働き方を知りたい、生活面での支援も受けたい、といった相談に応じてくれる施設もあります。

## 就職準備のための相談もできる地域障害者職業センター

　障害をもつ人が就職に関する相談をする場合、窓口はおもに3つあります。1つめがハローワーク。求職登録をしたうえで、専門の職員が就職相談に応じ、本人の希望や適性に合わせて求人の紹介などを行います。必要に応じて、障害者職業センター、障害者就業・生活支援センターなどと連携して、就職から職場への定着までの支援を行います。

　2つめが、都道府県ごとに設置されている地域障害者職業センター。障害者職業カウンセラーとの面談などを通して、就職に際しての強みや条件（職場環境など）を整理し、具体的な就職活動の方法をまとめた「職業リハビリテーション計画」を作成します。その後、それぞれの利用者の課題などに応じて、ジョブコーチによる「職業準備支援（各種の実践的な講座の受講や、自分に合った働き方を見つける作業支援など）」を行います。障害者職業センターのジョブコーチは、企業を訪問または企業に雇用されているジョブコーチと連携し、就職後も支援を続ける場合があります。

## 生活面での支援も受けられる障害者就業・生活支援センター

　3つめが、「障害者雇用促進法」に基づいて全国で約330カ所に設置されている障害者就業・生活支援センターです。就業支援担当員と生活支援担当員が配置されており、就職活動に加えて、生活面での相談をすることも可能です。就業支援担当員の役割は、利用者の希望や特性に応じて職業訓練などをあっせんしたり、ハローワークと連携して実際の就職活動をサポートしたりすること。生

活支援担当員は、健康管理や金銭の管理など、自立した生活を送るためのアドバイスや各種手続きの支援などを行います。原則として障害者手帳を取得している人が対象ですが、医師の意見書などでも認められる場合があるので、各事業所に直接相談してみるとよいでしょう。

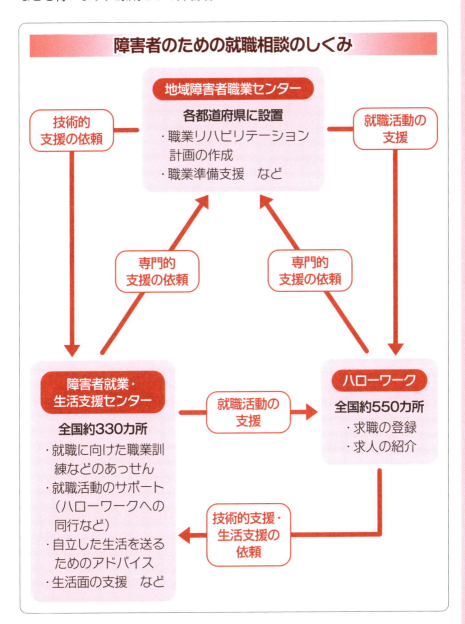

**就労支援**

# 就職後、実際に仕事を続けられるか不安です

就職に不安がある求職者と、障害者の雇用経験が少ない企業などのために、正式に雇用する前に一定の「トライアル期間」を設ける制度があります。トライアル期間終了後、本人と企業が同意すれば継続雇用に移行できます。

## 一定の試用期間を経て継続的な契約に移行できる

　障害をもつ人が仕事を続けるためには、本人の心身への負担が大きすぎないことに加え、雇用する側の受け入れ態勢が整っていることも大切です。とくに、初めて職業についたり職種をかえて転職したりする場合、本人の不安は大きいでしょう。同時に、障害者の雇用に慣れていない企業側にも、環境整備や日常的な支援の行い方についてわからない点が多くあります。

　このような就職希望者と企業のミスマッチを防ぐのに役立つのが、「障害者トライアル雇用制度」です。ハローワークでトライアル雇用の求人に応じると、最長で3カ月間（障害者雇用率の算定対象となる週20時間以上の勤務）が「トライアル雇用期間」となります。この期間の終了後、本人と企業が同意すると、継続雇用契約に切りかえられます。また、長時間の勤務が困難な精神障害者、発達障害者は、「障害者短時間トライアル雇用制度」の利用も可能です。週10時間以上20時間未満の勤務からスタートし、3～12カ月間で週20時間以上の勤務ができるようになることをめざします。週20時間以上の勤務が可能になり、本人と企業が同意すると、継続雇用契約に切りかえられます。どちらの場合も、トライアル雇用期間中の賃金は、雇用主から全額支払われます。

## パソコンなどを利用した在宅勤務も

　通勤が困難などの理由で在宅就業を希望する場合は、在宅就業支援団体の支援を受けることもできます。支援団体は、技術や知識をもつ就業希望者と発注先を求める企業などを

結びつける役割を果たしています。在宅勤務では、発注元と雇用契約を結ぶ勤務形態のほか、受注したときだけ仕事をする形もあります。業務内容は、ホームページの制作や各種図面の制作、データ入力など、パソコン・IT系のものが多くなっています。就職のために専門的な技能を身に着けたい場合は、支援団体が行っている技能訓練（内容は支援団体によって異なる）を受けることもできます。

## 障害者トライアル雇用制度

トライアル雇用開始 ──

**トライアル雇用**

週20時間以上の勤務

課題の発見・解決

地域障害者職業センター（122ページ参照）のジョブコーチ、障害者就業・生活支援センターの職員などの支援を活用することもできる

最長3カ月
※トライアル雇用期間の途中で継続雇用に移行してもよい

トライアル雇用終了 ──

- 雇用期間満了（継続契約をしない）
- 求職者側の自己都合などによる退職

**継続雇用（1年以上）契約**

**障害者トライアル雇用の対象者**
①～④のいずれかを満たし、障害者トライアル雇用を希望した人
① 就労経験のない職業につくことを希望している
② 紹介日の前日から過去2年以内に、2回以上離職、転職をしている
③ 紹介日の前日時点で、離職期間が6カ月を超えている
④ 重度身体障害者、重度知的障害者、精神障害者

● **「障害者トライアル雇用」実施企業への助成金**
　障害者トライアル雇用を実施した企業には助成金が支給される

① **対象者1人当たり、月額最大4万円（最長3カ月間）**
　障害者トライアル雇用求人を事前にハローワーク等に提出し、これらの紹介によって、対象者を原則3カ月の有期雇用で雇い入れ、一定の要件を満たした場合、助成金を受けられる

● **精神障害者を初めて雇用する場合、月額最大8万円（最長3カ月間）**
　精神障害者を初めて雇用する場合は、月額最大8万円の助成金を受けることができる。また、精神障害者は最大12カ月トライアル雇用期間を設けることができる。ただし、助成金の支給対象期間は3カ月間に限る

## 就労支援

# 障害者のための職業訓練を行っている施設はある？

ハローワークに登録した求職者は、公共職業訓練を受けることができます。一般的な職業訓練のほか、とくに障害をもつ人を対象とした職業訓練の場も用意されており、条件を満たせば無料で利用することができます。

### 障害者のための職業訓練校

障害者職業能力開発校は、国や県が運営する職業訓練のための施設で、全国19カ所に設置されています。ビジネス実務、IT・パソコン、製造技術など、さまざまな科目が用意されており（受講可能な科目は学校によって異なる）、期間は3カ月～1年です。

利用できるのは、身体障害者手帳か療育手帳をもっているか、取得可能な人、または精神障害または発達障害をもっている人で、ハローワークに求職の登録をしている場合です。利用を希望する施設の願書などをハローワークに提出し、機能検査や適性検査などの選考を経て入校します。授業料は無料ですが、個人で使用するもの（作業服や教科書類）や、受講に必要な損害保険の費用などは自己負担となります。

このほか、市区町村によっては、知的障害をもつ人のために、一定期間、地方自治体の福祉事務所に登録された「職親（事業経営者など）」のもとで生活しながら、就職に必要な技能を身につけたり、生活面のアドバイスを受けたりする制度が設けられていることもあります。利用できるのは、都道府県や政令指定都市に設置されている知的障害者更生相談所によって、職親に委託することが適当と認められた人。訓練期間は原則として1年以内で、費用は無料です。希望者は、市区町村の担当部署に申請書などを提出します。

### 職場に慣れるための障害者職場適応訓練

職業訓練などを終えて仕事に就きたいけれど就職に不安がある人などは、就職を希望する事業所で職業訓練ができる「障害者職場適応訓練」

を受けることもできます。「障害者トライアル雇用（124ページ参照）」は試用期間として短期の雇用契約を結ぶものですが、「障害者職場適応訓練」では、訓練期間（おもに6カ月間。短期コースもあり）中は仕事や職場環境に慣れることを目的とした「訓練生」として働きます。訓練終了後は、原則としてその事業所と雇用契約を結びます。訓練期間中、賃金は支払われませんが、雇用保険から訓練手当や交通費が支給されます。利用を希望する場合は、ハローワークの障害者専門援助部門に相談しましょう。

## 障害者職業能力開発校 入校願書の例

### 東京都・実務作業科以外の場合

訓練等給付（障害者総合支援法）

# 自立に向けて訓練を受けられるサービスはありますか？

障害者総合支援法には、障害のある人が住み慣れた地域で生活を営むうえで、身体機能や生活能力の維持・向上を図るための「自立訓練」という給付制度があり、「機能訓練」と「生活訓練」に大別されます。

## 身体機能の維持・向上を目的とする機能訓練

「自立訓練」は、市区町村が主体となって行う「自立支援給付」のなかの「訓練等給付」の1つで、主に身体機能の維持・向上を目的として行われる「機能訓練」と、日常生活における生活能力を高める「生活訓練」があります。

それぞれ対象者が異なり、「機能訓練」の対象者は、身体的な障害のある人や難病の疾患がある人です。

「機能訓練」では、こうした人たちに対して、障害者支援施設やサービス事業所で、理学療法や作業療法、リハビリテーション、生活に関する相談や助言などを行います。

また、施設や事業所だけでなく、利用者の居宅を訪問し、運動機能や日常生活に必要な動作能力の維持・向上を図るための訓練を実施します。

## 自立訓練は利用できる期間が決められている

「自立訓練」には利用できる期間（標準利用期間）が定められており、「機能訓練」については18カ月（頸髄損傷による四肢麻痺等の場合は36カ月）と設定されています。

これは、明確な目的意識をもって、効果的かつ効率的に訓練を行うために設定されているのですが、標準利用期間では十分な成果が得られず、かつ引き続きサービスを提供することで改善効果が具体的に認められる場合に限って、原則1回、最大1年間更新することができます。

更新する際は、サービスを受けている事業所に更新が必要な理由や今後の利用計画案などを作成してもらい、これまでのモニタリング調査の記録などを添付して申請する必要があります。

## 機能訓練の対象となる人とその一例

地域生活を営むうえで、身体機能や生活能力の維持・向上などのため、一定の支援が必要な身体に障害がある人。

**例**
①入所施設・病院を退所・退院した人が、地域生活への移行などを図るにあたって、身体的リハビリテーションの継続や身体機能の維持・回復などの支援が必要な場合。
②特別支援学校を卒業した人が、地域生活を営むうえで、身体機能の維持・回復などの支援が必要な場合。

## 機能訓練の支援内容の一例

|  | 通所前期<br>(基礎訓練期)<br>:6カ月間 | 通所後期<br>(日常生活訓練期)<br>:6カ月間 | 訪問期:6カ月間 |
|---|---|---|---|
| 日常生活動作(ADL)、日常生活関連動作(IADL)の向上 | ・施設内等での基礎訓練(理学療法、作業療法、言語療法の個別指導による心身機能の向上) | ・地域で安定的な日常生活を営むための訓練(理学療法、作業療法、言語療法のグループ指導、自助具・装具の適応及び改良、白状等による歩行訓練、日常生活関連動作の習熟)<br>・社会経済活動への参加のための訓練(書字・読字・手話等のコミュニケーション訓練、作業訓練、公共交通機関を利用した外出訓練等) ||
| 社会活動参加 | ・地域の社会資源に関する情報提供 || ・住環境の調整(住居の確保、住宅改修等の助言及び調整) |
| 健康管理 | ・健康維持のための指導・助言<br>・二次障害予防を含む具体的な計画の作成<br>・症状や障害の経過観察<br>・服薬管理 |||
| その他 | ・施設内での入浴、排泄介助、身辺介助等 | ・地域生活における身辺、食事、排泄等の自立に向けての対応<br>・家族への助言 ||

129

## 訓練等給付（障害者総合支援法）

# 知的障害者や精神障害者が利用できるサービスはありますか？

「自立訓練」のなかの「生活訓練」は、知的障害や精神障害のある人を対象とした支援サービスです。そのため、自立した日常生活を営むために必要な訓練がサービスの基本となります。

### 生活訓練には通所型と宿泊型がある

「生活訓練」は、知的障害または精神障害のある人に対し、入浴、排泄、食事などについて自立した日常生活を営むために必要な訓練を行ったり、生活などに関する相談や助言、そのほか必要な支援を行ったりするサービスです。

サービスの提供方法には、通所型と宿泊型があります。通所型は、障害支援施設やサービス事業所に通所する利用者に対し、日中の活動を通じて生活機能の維持・向上を図ることを目的としています。

従来、通所型の支援を行うにあたり、必要に応じて利用者の自宅などに訪問することもありましたが、近年は訪問だけを行うケースも増えています。

例えば、集団のなかで対人関係を築くのが極めて難しい人や、個別支援が必要な人、引きこもり状態にある人などから要望があるようですが、すべての事業者が導入しているわけではないので確認が必要です。

### 生活訓練も標準利用期間が定められている

宿泊型は、日中、働いている人や何らかのサービスを受けている人を対象に居住の場所を提供し、帰宅後に生活機能の維持・向上のための訓練を行います。また、長期間、施設や病院で過ごしてきた人が地域生活に移行するために、昼夜に訓練を実施し、地域移行に向けた関係機関との調整を行います。

「生活訓練」の標準利用期間は2年間（1年ほどの長期入院または施設に入所していた場合は3年）と定められていますが、「機能訓練」同様、更新することができます。

## 生活訓練の対象となる人とその一例

地域生活を営むうえで、生活能力の維持・向上などのため、一定の支援が必要な知的障害・精神障害がある人

**例**
① 入所施設・病院を退所・退院した人が、地域生活への移行を図るうえで、生活能力の維持・向上などの支援が必要な場合
② 特別支援学校を卒業した人や継続した通院により症状が安定している人が、地域生活を営むうえで、生活能力の維持・向上などの支援が必要な場合

## 通所型と宿泊型のおもな特徴

|  | 通所 |  | 宿泊 |
|---|---|---|---|
|  | （訪問もあり） | 訪問のみ |  |
| 支援方法 | 施設やサービス事業所でサービスを提供する | 利用者の居宅でサービスを提供する | 利用者に居住する場所とそこでのサービスを提供する |
| 特徴 | グループ支援を受けることでコミュニケーション能力が身につきやすくなる | 対人関係が難しい人でも支援を受けられる | 日中、働いている人や別のサービスを受けている人でも利用できる |

## 生活訓練の対象となる人とその一例

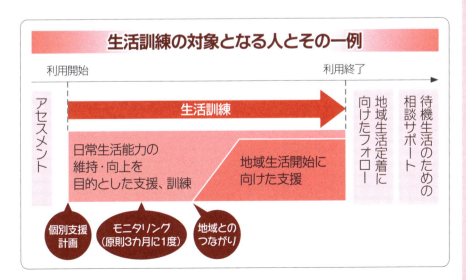

第6章 働くために利用したいサービス ● 知的障害者や精神障害者が利用できるサービスはありますか？

訓練等給付(障害者総合支援法)

# 就労に向けての
# サービスはありますか？

地域社会で、できるだけ自立した生活を営むためには、その基盤となる仕事が欠かせません。働きたいと思っていても仕事を得ることができない障害のある人のために、対象別の支援サービスが用意されています。

## 生活の基盤となる就労を支援する制度

「障害者総合支援法」には、就労を希望する障害のある人が、最終的に何らかの仕事を得て、地域社会で生き生きと暮らせるように支援する制度があります。

おもな支援の内容は、以下の通りです。

・生産活動や職場体験などの機会の提供
・就労に必要な知識や能力向上のための訓練
・求職活動に関する支援
・適性に応じた職場の開拓
・就職後、職場に定着するための相談

これらの支援は、就労のための一定のプロセスのなかで、地域の関係機関とハローワーク、障害のある人を受け入れる事業所が連携をとって実施されます。

## 新たに創設された就労定着支援

利用できる制度は、対象者によって異なります。

### ①就労移行支援

65歳未満で、一般の事業所に雇用されることが可能であると見込まれる障害のある人。

### ②就労継続支援A型（雇用型）

一般の事業所などへの就労は困難でも、継続的な就労が可能な人が対象で、事業者と雇用契約を結ぶ。

### ③就労継続支援B型（非雇用型）

一般の事業所での雇用に結びつかない人や、一定の年齢に達している人で、雇用契約は結ばない。

このほか、平成30年4月より、就労した人を対象に、雇用先での継続が図れるように支援する「就労定着支援」が創設されました。

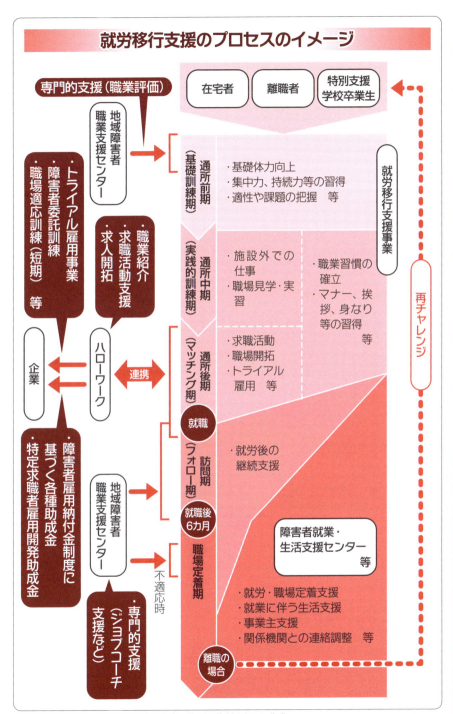

※厚生労働省：社会保障審議会障害者部会 第30回資料をもとに作成

## 就労支援事業の内容と対象者

| | 支援概要 | 対象者とその例 | 利用期間 |
|---|---|---|---|
| 就労移行支援 | ・一般の事業所などへの就労に向けた、生産活動や職場体験など活動の機会の提供<br>・就労に必要な知識・能力の向上のための訓練<br>・求職活動に関する支援<br>・適性に応じた職場の開拓 | 65歳未満の障害のある人で、通常の事業所に雇用されることが可能であると見込まれる人<br>(例)<br>・就労を希望するが、就労のための支援が必要な人<br>・あん摩マッサージ指圧師免許、はり師免許、灸師免許を取得することで、就労の可能性がある人 | 2年間(市区町村審査会の個別審査により、必要性が認められた場合に限り、最大1年間の更新が可能) |
| 就労継続支援A型(雇用型) | ・福祉サービスを提供する事業者が利用者と雇用契約を結び、就労や生産活動の場を提供<br>・就労に必要な知識・能力の向上のための訓練 | 一般の事業所などへの就労は困難だが、雇用契約に基づいて継続的に就労することは可能な65歳未満の人<br>(例)<br>・就労移行支援事業を利用したが、企業などの雇用に結びつかなかった人<br>・特別支援学校を卒業して就職活動を行ったが、企業などの雇用に結びつかなかった人<br>・企業を離職したなど就労経験のある人で、現在、雇用先がない人 | なし |
| 就労継続支援B型(非雇用型) | ・雇用契約は結ばないが、生産活動の機会を提供<br>・就労に必要な知識・能力の向上のための訓練<br>・そのほか必要な支援 | 一般の事業所での雇用に結びつかない人や、一定年齢に達している人<br>(例)<br>・就労経験はあるが、年齢や体力の面で雇用が難しい人<br>・就労移行支援事業を利用した結果、B型が適当と判断された人<br>・上記以外で、50歳に達している人または障害基礎年金1級受給者<br>・上記以外で、一般就労や就労継続支援A型事業所による雇用や就労移行支援事業者が少ない地域において、一般就労などへの移行が困難と市区町村が判断した人 | なし |
| 就労定着支援 | ・新たな雇用先での継続を図るために、事業主や関係各所と連絡調整<br>・雇用に伴って生じる日常生活や社会生活における問題についての相談、指導、助言など | 生活介護、自立訓練、就労移行支援または就労継続支援を利用して一般就労した障害のある人 | 3年間(1年ごとに支給決定期間を更新) |

第7章

# 介護を受けたいときのサービス

介護給付（障害者総合支援法）

# 65歳未満でも介護サービスは利用できますか？

「障害者総合支援法」は、介護保険によるサービスと異なり、年齢制限をしていません。（障害者と障害児の区別はあります。）そのため、支援が必要であると認められれば、65歳未満でも「介護給付」サービスを利用できます。

## 年齢に関係なく介護サービスを受けられる

　介護が必要になった人のための制度には、**介護保険制度**と**障害福祉制度**があります。

　ただし、この2つの目的は大きく異なります。介護保険制度が、基本的に加齢に伴って衰えた機能について介護するのに対し、障害福祉制度は、障害のある人が地域社会で尊厳ある生活を送るために必要な介護を提供するものです。介護保険が、65歳以上の人と40歳以上65歳未満で医療保険に加入している人を対象としているのはそのためです。

　「障害者総合支援法」による「**介護給付**」は、障害のある人が在宅や入所などで介護を必要とする際に利用できるサービスです。障害者と障害児の区別はありますが、支援が必要であると認定されれば、障害者支援区分を基準として、利用者に適した介護サービスを利用することができます。

## 障害者が65歳以上の場合介護保険が優先される

　ただし、障害のある人が65歳以上であるなど介護保険の被保険者が障害福祉サービスを利用する場合、介護保険で提供するサービスに機能や内容が近いものがあるときは、原則として介護保険サービスを優先して利用することになっています。

　この場合、障害福祉サービス固有のサービスはそのまま利用でき、利用者に合わせて購入しなければならない補装具なども障害福祉サービスを利用することができます。

　また、必要とされるサービスの支給量が介護保険の制限の範囲を超える場合などは、障害福祉サービスで賄うこともできます。

## 介護保険サービスと障害福祉サービスの違い

|  | 介護保険サービス | 障害福祉サービス |
|---|---|---|
| 基本となる法律 | 介護保険サービス | 障害福祉サービス |
| 介護の必要度 | 要介護状態区分<br>(要支援1・2、要介護1〜5) | 障害支援区分<br>(区分1〜6) |
| サービスの支給限度 | 要介護状態区分別に支給限度額を認定 | 利用者や家族の意向を踏まえ、市区町村が支給決定基準に基づいたサービスの種類・支給量を決定 |
| 利用者負担 | 原則1割負担<br>(一定以上の所得者は2または3割負担。利用者負担が高額になった場合は、世帯の課税状況に基づく上限額を超えた分を、高額介護サービス費として支給) | 原則1割負担<br>(世帯の課税状況に基づく。事前に負担上限額を決定) |

## 65歳以上の障害のある人が利用できるサービスのイメージ

**介護保険が優先されるサービス**
・介護給付(高額医療合算介護サービス費の支給を除く)
・予防給付(同上)
・市町村特別給付

**障害福祉サービス固有のもの**
・同行援護　・就労移行支援
・行動援護　・就労継続支援
・自立訓練(生活訓練)

介護保険サービス　障害福祉サービス

**そのほか障害福祉サービスを利用するケース**
・在宅の障害者で、居宅介護さサービス支給限度基準額の制約を超える
・介護保険サービスの事業所や施設が身近にない、また利用定員に空きがない(一時的な措置)
・要介護認定で「非該当」と判断されるなどの理由で介護保険サービスを利用できず、かつ障害福祉サービスの支援が必要と認められた場合
・購入が必要な補装具　など

介護給付（障害者総合支援法）

# 障害福祉サービスにも訪問サービスはありますか？

「障害者総合支援法」による介護給付のなかには、ヘルパーが利用者の居宅を訪問して行うサービスや、利用者が通所または入所してサービスの提供を受けるものがあり、それぞれ対象者の基準が定まっています。

## 利用者に係る生活全般の援助が受けられる居宅介護

「介護給付」のなかの訪問系のサービスには、「居宅介護」「重度訪問介護」「同行援護」「行動援護」「重度障害者等包括支援」があります。

そのなかでも居宅での介護を中心とするのが以下の3つです。

### ●居宅介護

利用者の居宅を訪ね、身体介護（入浴、清拭、排泄、食事などの介助）、家事援助（調理、洗濯、掃除、買い物など）、通院等介助・通院等乗降介助、生活等に関する相談・助言や生活全般にわたる援助を行います。

## 重度な障害がある人を対象としたサービス

### ●重度訪問介護

重度の肢体不自由や知的障害、精神障害があり、常時介護を必要とする人に対するサービスで、身体介護や家事援助のほか、外出時における移動中の介護や、日常生活で起こる介護が必要なさまざまな場面で対応できるように見守りなども行います。

従来、「重度訪問介護」は、利用者の居宅でのみ行うものでしたが、平成30年4月より、区分6の人を対象に、入院中の医療機関でもサービスを利用できるようになりました。

### ●重度障害者等包括支援

障害支援区分6のうち、意思疎通を図ることが極めて難しく、区分認定で特定の認定を受けた人に対して、居宅介護、重度訪問介護、同行援護、行動援護のほか、生活介護、短期入所、自立訓練、就労移行支援、就労継続支援、共同生活援助を組み合わせて、包括的にサービスを利用することができます。

## 訪問系サービスのおもな内容と対象者

| | サービス内容 | 対象者 |
|---|---|---|
| 居宅介護 | ・入浴、排泄、食事などの介護<br>・調理、洗濯、掃除などの家事<br>・日常生活における相談や助言<br>・生活全般にわたる援助<br>・通院時の介助（通院等介助）、介護タクシーを利用する際の介助（通院等乗降介助）　など | 障害支援区分1以上（障害児の場合は、これに相当する心身の状態）<br>※身体介護を伴う通院等介助の場合は、以下のいずれにも該当する人<br>①区分2以上<br>②障害支援区分の認定調査項目のうち、次のいずれかが1つ以上該当すること<br>・「歩行」：「全面的な支援が必要」<br>・「移乗」：<br>・「移動」：｝「見守り等の支援が必要」、「部分的な支援が必要」又は「全面的な支援が必要」<br>・「排尿」：<br>・「排便」：｝「部分的な支援が必要」又は「全面的な支援が必要」 |
| 重度訪問介護 | ・入浴、排泄、食事などの介護<br>・調理、洗濯、掃除などの家事<br>・生活全般にわたる援助<br>・外出時における移動中の介助<br>・日常生活に生じるさまざまな介護の事態に対応するための見守り等の支援　など | 障害支援区分4以上で、以下のいずれかに該当する人<br>・二肢以上に麻痺等があり、障害支援区分の認定調査項目のうち、「歩行」「移乗」「排尿」「排便」のいずれもが「支援が不要」以外に認定されている人<br>・障害支援区分の認定調査項目のうち、行動関連項目等（コミュニケーション、説明の理解、大声・奇声を出す、異食行動、多動・行動停止、不安定な行動、自らを傷つける行為、他人を傷つける行為、不適切な行為、突発的な行動、過食・反すう等、てんかん発作の12項目）の合計点数が10点以上である人 |
| 重度障害者等包括支援 | ・居宅介護<br>・重度訪問介護<br>・同行援護<br>・行動援護<br>・生活介護<br>・短期入所<br>・自立訓練<br>・就労移行支援<br>・就労継続支援<br>・共同生活援助 | 障害支援区分6（障害児の場合は、区分6に相当する支援の度合い）に該当し、意思疎通が著しく困難で、以下のいずれかに該当する人<br>・重度訪問介護の対象で、四肢すべてに麻痺などがあり、寝たきり状態にある人で、以下のいずれか<br>　Ⅰ類型：人工呼吸器による呼吸管理を行っている人<br>　（筋ジストロフィー、脊髄損傷など）<br>　Ⅱ類型：最重度知的障害者（重症心身障害者など）<br>・障害支援区分の認定調査項目のうち、行動関連項目等（12項目）の合計点数が10点以上の人<br>　Ⅲ類型：（強度行動障害など） |

介護給付（障害者総合支援法）

# 外出時にサポートしてくれるサービスはありますか？

居宅支援サービスのなかに、「同行援護」と「行動援護」というサービスがあります。また、「地域生活支援事業」にも同様の「移動支援」サービスがあり、こちらは通常、各自治体によって利用対象者が定められています。

## 視覚障害のあらゆる支援をする同行援護

障害福祉サービスにおける外出時のサービスには、「同行援護」と「行動援護」があります。どちらも外出時のサポートサービスですが、対象者が異なります。

●同行援護

視覚障害によって、移動に著しい困難がある人のためのサービスです。同行援護が必要かどうかを視覚障害の状態から判断する「同行援護アセスメント票」で一定の評価が示された場合に対象者となります。

サービス内容は主に外出先での移動の援護で、代筆や代読など視覚情報を提供したり、排泄や食事の介助など、外出時のさまざまな支援を行います。

ただし、通勤、営業など経済活動にかかわる外出や、通年かつ長期にわたる外出、ギャンブルや飲酒など社会通念上不適当と判断される外出には利用できません。

## 外出先での行動障害にも対応する行動援護

●行動援護

「同行援護」が視覚障害のある人を対象にしているのに対し、「行動援護」は知的障害や精神障害のある人を対象としています。障害支援区分の認定調査項目で一定の評価があった人が利用できるサービスです。

こうした人たちは、何かのきっかけで不安や恐怖を感じてパニックになり、行動障害を起こすことがあるため、外出先で本人や周囲の人たちの安全が確保できるよう、事前に予防策をとり、出先で行動障害が起きたときに適切に対処します。また、便意や排尿の認識ができない人や食事・入浴などの介助もします。

## 外出時のサービスのおもな内容と対象者

| | サービス内容 | 対象者 |
|---|---|---|
| 同行援護 | ・外出時において、移動に必要な情報の提供（代筆・代読を含む）<br>・移動や外出先での必要な移動の援護<br>・外出先での排泄・食事などの介護<br>・そのほか外出時に必要な援助<br>※原則として、1日で用務を終える外出に限る。（通勤、営業活動等の経済活動にかかわる外出、通年かつ長期にわたる外出、社会通念上適当でない外出は、サービスの範囲外） | ・視覚障害によって移動に著しい困難がある人で、同行援護アセスメント票において、移動障害の欄にかかわる点数が1点以上、かつ移動障害以外の欄（視力障害、視野障害、夜盲）にかかわる点数のいずれかが1点以上の人<br>・身体介護を伴う場合は、以下のいずれにも該当すること<br>①区分2以上に該当すること<br>②障害支援区分の認定調査項目のうち、以下のいずれか1つ以上に認定されていること<br>・「歩行」：「全面的な支援が必要」<br>・「移乗」：<br>・「移動」：「見守り等の支援が必要」、「部分的な支援が必要」又は「全面的な支援が必要」<br>・「排尿」：<br>・「排便」：「部分的な支援が必要」又は「全面的な支援が必要」 |
| 行動援護 | ・予防的対応（外出先で不適切な行動がでないよう、あらかじめ行動の順番や、目的地での行動などを理解させる等）<br>・制御的対応（行動障害を起こしてしまったときに、本人や周囲の人の安全を確保しつつ行動障害を適切におさめる等）<br>・身体介護的対応（便意の認識ができない人の介助、食事・入浴・衣服の着脱介助等） | 知的障害または精神障害のために行動するうえで著しい困難があり、常時介護が必要な障害支援区分3以上の人で、障害支援区分の認定調査項目のうち、行動関連項目等（コミュニケーション、説明の理解、大声・奇声を出す、異食行動、多動・行動停止、不安定な行動、自らを傷つける行為、他人を傷つける行為、不適切な行為、突発的な行動、過食・反すう等、てんかん発作の12項目）の合計点数が10点以上（障害児の場合はこれに相当する支援の度合い）の人 |

### 必要不可欠な外出と認められる範囲（同行援護・行動援護）

①買物（1回2時間以内の、自宅近隣での日用品の買物）
②金融機関・不動産などでの手続き
③理美容
④子供の学校行事（入学式、卒業式、運動会、保護者面談など）
⑤健康上必要な散歩（自宅近隣30〜60分程度）
⑥行政関連の会議、PTA活動、団体役員活動など（余暇的内容は不可）
⑦そのほか社会通念上必要と認められる外出

介護給付（障害者総合支援法）

# 通って受けられる介護サービスはありますか？

障害福祉サービスには、常に介護を必要とする人に向けた「生活介護」というサービスがあります。日中の活動を支援するサービスで、生活介助だけでなく、創作活動や生産活動の場なども提供しています。

## 在宅だけでなく入所者も利用できるサービス

「生活介護」は、常に介護を必要とする人が、安定した日常生活を送れるように支援するサービスで、在宅の人だけでなく、施設に入所している人も利用することができます。

在宅者の場合は障害支援区分3以上、入所者の場合は区分4以上の人が対象で、50歳以上の場合は、それぞれ、2以上、3以上と、支援区分が引き下がります。

また、障害者支援施設に入所してサービスを受ける「施設入所支援」と「生活介護」サービスを併用したい場合は、市区町村の認定があれば支援区分が低い人でも利用できます。これには新規の入所希望者だけでなく、「障害者自立支援法」が施行された当時から継続して入所している人なども対象となっています。

## 生活介護サービスは多岐にわたる

「生活介護」は、日中の活動を支援するサービスで、身体介護や家事の支援だけでなく、身体機能や生活能力を高めるために必要な支援や、日常生活に関する相談や助言など、利用者がよりよい生活をおくるためのさまざまなサポートを行っています。

なかには、陶芸、絵画、園芸などの創作活動や、レクリエーション、地域のイベント参加などを積極的に行っている事業所もあります。

また、社会での就労につながる生産活動の機会を提供することも「生活介護」のサービスの1つで、事業所内で部品の組み立てをしたり、パンや菓子など自主製品の製造販売を行っているところもあります。

## 生活介護の対象者とおもなサービス内容

| | |
|---|---|
| 対象者 | 地域や入所施設において、安定した生活を営むために、常時介護等の支援が必要な人<br>・障害支援区分3以上（障害者支援施設に入所する場合は区分4以上）<br>・年齢が50歳以上の場合は、障害支援区分2以上（障害支援施設に入所する場合は区分3以上）<br>・生活介護と施設入所支援を組み合わせて利用することを希望している人で、障害者支援区分4より低い人（50歳以上の場合は区分3より低い人）のうち、指定特定相談支援事業者によるサービス等利用計画の作成手続きを経たうえで、市区町村が、利用の組み合わせが必要と認めた人。ただし、新規の入所希望者以外の人（以下のようなケース）については、引き続き生活介護の利用が認められる<br>①障害者自立支援法の施行時の、身体障害・知的障害の旧法における施設（通所施設も含む）の利用者（特定旧法受給者）<br>②法施行後に旧法における施設に入所し、継続して入所している人<br>③平成24年4月の改正児童福祉法の施行の際に、障害児施設（指定医療機関を含む）に入所している人 |
| サービス内容 | ・入浴、排泄、食事等の介助<br>・調理、洗濯、掃除等の家事の支援<br>・日常生活に関する相談や助言<br>・そのほかの日常生活に必要な支援<br>・創作活動や生産活動の機会の提供<br>・身体機能や生活能力の向上のために必要な支援 |

### 創作活動の例

・陶芸・絵画・園芸・書道　など

### 生産活動の例

・部品の組み立て
・パンや菓子の製造販売
・飲食店や喫茶店のショップ経営
　　　　　　　　　　　　　など

介護給付（障害者総合支援法）

# 施設などに入所することで受けられる介護サービスはありますか？

入所や入院した先で受けられるサービスは幾つかありますが、入所の目的や利用者の状態によって、利用できるサービスが異なります。そのなかには、介護者の負担の軽減を目的としたものもあるので適宜利用するとよいでしょう。

## 緊急時だけでなく介護疲れにも利用できるサービス

「介護給付」のなかで、施設などに入所して受けられるサービスは、「短期入所（ショートステイ）」「施設入所支援」「療養介護」です。

### ●短期入所（ショートステイ）

普段自宅で介護を受けている人が、家族などの都合で一時的に介護を受けられない場合に、短期間だけ施設に入所して介護や支援を受けるサービスです。

介護者が病気になったり、冠婚葬祭などで家を空けなければらないときなどのほか、介護疲れの解消やリフレッシュのために利用するケースもあります。また、障害のある人が単身者の場合は、心身の健康維持を行なうためにも有効です。

ただし、人気のある事業所はすぐに定員に達してしまうため、緊急時に利用できるよう、あらかじめ近くの事業所を調べておいたほうがよいでしょう。

## 居住の場や医療行為が提供されるサービス

### ●施設入所支援

日中、別の施設で「生活介護」や「就労移行支援」を受けている人が、夜にも介護を受けられるように、居住の場を提供するサービスです。

利用者は、障害者支援施設で入浴や排泄、食事などの介助や、日常生活に必要な支援を受けることができます。

### ●療養介護

長期の入院生活をおくる人が、日中、病院などで利用できるサービスです。

身体介助や機能訓練などのほか、「療養介護医療」として医療にかかわるサービスも提供されます。

## 各サービスのおもな内容と対象者

| | サービス内容 | 対象者 |
|---|---|---|
| 短期入所（ショートステイ） | ・入浴、排泄、食事、着替え、移動など介助<br>・見守りや、そのほかの必要な支援 | **福祉型**：障害者支援施設等で実施<br>・障害支援区分1以上の障害者<br>・障害児に必要とされる支援の度合いに応じて、厚生労働大臣が定める区分が1以上の障害児<br>**医療型**：病院、診療所、介護老人保健施設で実施<br>・遷延性意識障害児・（同障害者）<br>・筋萎縮性側索硬化症等の運動ニューロン疾患の分類に属する疾患がある人<br>・重症心身障害児・（同障害者） |
| 施設入所支援 | ・おもに夜間の入浴、排泄、食事などの介助<br>・日常生活上の相談や助言<br>・そのほか日常生活に必要な支援 | ・生活介護を受けていて、障害支援区分4以上（50歳以上の場合は区分3以上）の人<br>・自立訓練または就労移行支援を受けていて、これらを入所しながら実施することが必要かつ効果的であると認められる人。または、地域における障害福祉サービスの提供体制の状況や、やむを得ない事情により、これらの訓練を通所で受けることが困難な人<br>・生活介護を受けていて、障害支援区分4より低い人（50歳以上の場合は区分3より低い人）のうち、指定特定支援相談事業者によるサービス等利用計画の作成手続きを経たうえで、サービスを組み合わせて利用することが必要であると、市区町村が認めた人<br>・就労継続支援B型を受けている人のうち、指定特定相談支援事業者によるサービス等利用計画の作成手続きを経たうえで、サービスを組み合わせて利用することが必要であると、市区町村が認めた人 |
| 療養介護 | ・機能訓練<br>・療養上の管理<br>・看護、医学的管理下における介護（呼吸器管理、胃ろう、バルーンカテーテルの管理など）<br>・入浴、排泄、食事、着替えなどの介助<br>・日常生活における相談や支援 | ・長期の入院による医療的なケアと、常時の介護が必要で、以下に該当する人<br>①筋萎縮性側索硬化症（ALS）患者など、気管切開を伴う人工呼吸器による呼吸管理を行っている人で、障害支援区分6以上の人<br>②筋ジストロフィー患者または重症心身障害者で、障害支援区分5以上の人 |

第7章 介護を受けたいときのサービス ● 施設などに入所することで受けられる介護サービスはありますか？

# 障害者福祉サービスの利用者も介護保険サービスを利用できる？

介護保険は、介護を必要とする高齢者のための制度です。障害をもち、すでに「障害者福祉サービス」を利用している人も、65歳以上（一部40歳以上）で要介護・要支援認定を受ければ、介護保険サービスを利用することができます。

## 一定の年齢以上の人はすべて介護保険の被保険者となる

　介護保険制度では、65歳以上の人は「第1号被保険者」、40～64歳の人は「第2号被保険者」となります（介護保険の適用除外施設とされる障害者支援施設に入所している人などを除く）。第1号被保険者は、「要介護」または「要支援」の認定を受けると、介護が必要になった理由を問わず、介護保険が適用される各種のサービスを利用することができるようになります。

　第2号被保険者は、末期がんや関節リウマチなど、「老化に起因する」と国が定めた16種類の「**特定疾病**」によって要介護または要支援認定を受けた場合に限り、介護保険を受給することができます。ただし、介護が必要になっても、その原因がケガなど特定疾病以外だと介護保険の利用は認められません。その場合の介護には、障害者福祉サービスを利用することになります。

## 同じ内容のものは介護保険サービスが優先される

　障害者福祉サービスを利用している障害者も、特に手続きをしなくても40歳で介護保険の第2号被保険者、65歳で第1号被保険者となります。介護が必要になった時点で市区町村に申請を行い（150ページ参照）、要介護または要支援認定を受けると、介護保険が適用される各種サービス（154ページ参照）の利用が可能になります。

　また、たとえば障害者福祉サービスの「居宅介護」と介護保険サービスの「訪問介護」は、どちらも介護スタッフが利用者の自宅を訪問し、食事や入浴といった日常生活の支援をするもの。このように同じ内容の

介護サービスは、原則として介護保険サービス優先されることになっています。介護保険が適用されるサービスの利用料金は、かかった費用の原則1割負担（一定以上の所得がある場合は2・3割負担）です。

## 2018年4月よりはじまった「共生型サービス」

高齢者と障害児者が切れ目なくサービスが利用でき、高齢者と障害児・者が同一の事業所でサービスが受けやすくするために、2018年4月に改正された介護保険と障害者福祉両方の制度に「共生型サービス」が位置づけられスタートしています。これにより、障害者福祉サービス事業者であれば、介護保険事業者の指定が受けやすくなり、逆に介護保険サービス事業者であれば、障害福祉事業者の指定が受けやすくなりました。

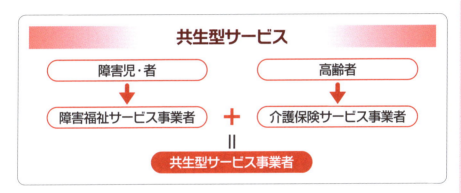

### 第2号被保険者（40歳以上65歳未満）に介護保険が適用される特定疾病

①末期がん
②関節リウマチ
③筋萎縮性側索硬化症
④後縦靭帯骨化症
⑤骨折を伴う骨粗鬆症
⑥初老期における認知症
⑦進行性核上性麻痺、大脳皮質基底核変性症及びパーキンソン病（パーキンソン病関連疾患）
⑧脊髄小脳変性症
⑨脊柱管狭窄症
⑩早老症
⑪多系統萎縮症
⑫糖尿病性神経障害、糖尿病性腎症及び糖尿病性網膜症
⑬脳血管疾患
⑭閉塞性動脈硬化症
⑮慢性閉塞性肺疾患
⑯両側の膝関節又は股関節に著しい変形を伴う変形性関節症

# 障害者福祉サービスと介護保険の使い分けは？

障害をもつ人が要介護または要支援認定を受けた場合、障害者福祉サービスと介護保険を併用することになります。同種のサービスは介護保険が優先されますが、障害者福祉サービス独自のものは、これまでと同様に利用できます。

## 障害者福祉サービスと介護保険の違い

障害者総合支援法に基づく障害者福祉サービスは、障害をもつ人が、障害の有無にかかわらず個人として尊重される生活を送れるよう、社会生活や日常生活に必要な支援を提供するもの。これに対して介護保険法に基づく介護保険サービスは、加齢による病気で介護を必要としている人が、尊厳を維持しながら自立した生活を続けられるようにサポートするためのもの。2種類のサービスは、基本的な理念や対象者が異なる別種の制度です。そのため、すでに「障害支援区分認定」を受けて障害者福祉サービスを利用している人も、介護保険サービスを利用する際は「要介護・要支援認定」を受ける必要があります。

## 介護保険にないサービスは障害者福祉サービスを利用

障害者福祉サービスには「介護給付」が含まれているため、一部のサービス内容が介護保険サービスと重なります。同じ内容の場合、原則として介護保険サービスが優先されるので、たとえば障害者福祉サービスの「居宅介護（ホームヘルプサービス）」を利用していた人が要介護認定（一部、要支援でも可能）を受けた場合、引き続き同様のサービスを利用するなら、介護保険サービスの「訪問介護」に切りかえなければなりません。

ただし、介護保険ではカバーできないサービスについては、引き続き障害者福祉サービスを利用することができます。また、介護保険に同種のサービスがあっても、十分なサービスが受けられないと市区町村が認

める場合は、障害者福祉サービスを利用できることもあります。介護保険サービスと障害者福祉サービスの両方を利用する場合は、本人とそれぞれを担当する相談支援専門員、ケアマネジャーが、きちんと情報を共有しておくことが大切です。

## 介護保険サービスではカバーできない障害者福祉サービスの例

- 同行援護 → 140ページ参照
- 行動援護 → 140ページ参照
- 自立訓練（生活訓練）→ 128・130ページ参照
- 就労移行支援 → 132ページ参照
- 就労継続支援 → 132ページ参照

※上記以外のサービスでも、個別の事例に合わせて障害者福祉サービスの利用が認められる場合もある

介護保険と障害者福祉サービスの入所施設は、目的や機能が異なっている

### 例1 居宅介護
障害の程度や家族の状況などから必要があるとされた場合、介護保険の訪問介護ではなく、障害者福祉サービスの居宅介護の利用が認められる

### 例2 短期入所（ショートステイ）
近くに介護保険の短期入所生活介護施設がないなどの場合、障害者福祉サービスの短期入所を利用することができる

### 例3 入所施設
就労訓練や厚生訓練が必要とみなされる場合は、障害者福祉サービスに基づく施設に引き続き、または新たに入所することが認められる

介護保険

# 介護保険が必要になったときの手続きって？

介護保険のサービス内容や利用法は複雑で、適切な情報がないと各種の手続きなどを効率よく進めることができません。初めて利用する場合は、地域包括支援センターで相談し、必要なアドバイスを受けるとよいでしょう。

### 居住地を担当する地域包括支援センターに相談を

　介護保険を利用するためには、まず要介護認定を受けるための申請が必要です。すでに障害者福祉サービスを利用している場合は、65歳（第2号被保険者の場合は40歳）になる前のタイミングで相談支援専門員や市区町村の職員から、介護保険制度や申請の方法について説明があるはずです。

　本人や家族が調べる場合は、まず「**地域包括支援センター**」に相談するとよいでしょう。居住地を担当する地域包括支援センターは、市区町村役場で紹介してもらったり、市区町村のホームページなどで所在地や連絡先を調べたりすることができます。

　地域包括支援センターでは、介護や医療、生活に関するさまざまな相談を受け付けており、必要に応じて他の行政機関や施設などへもつなげてくれます。要介護認定の申請方法などの説明を受けられるのはもちろん、申請の代行を依頼することもできます。

### 申請書に介護保険被保険者証などを添えて市区町村の窓口へ

　要介護認定の申請には、必要事項を記入した「**要介護・要支援認定申請書**」が必要です。申請書は市区町村の担当窓口においてあるほか、ホームページからダウンロードすることも可能です。主治医やかかりつけの医療機関に関する記入欄もあるので、窓口に出向いて記入する場合は事前に必要な情報を調べ、まとめておくとよいでしょう。

　記入ずみの申請書は、市区町村の窓口に提出します。提出する際、介護保険被保険者証（第2号被保険者

の場合は健康保険証)、個人番号がわかるもの(コピーでもよい)、身分証明書(身体障害者手帳、運転免許証など)を提示する必要があります。申請は、本人や家族のほか、地域包括支援センターや居宅介護支援事業者、介護保険施設の職員にも代行が認められています。本人以外が申請する場合は、申請を代行する人の印鑑や身分証明書も必要です。

## 要介護・要支援認定申請書の例

### 東京都新宿区の場合

## 介護保険の申請から利用開始までの流れって？

要介護認定の申請から結果が出るまでには1カ月ほどかかり、訪問調査や医師の意見書などによって要介護度が決められます。要介護または要支援の認定を受けたらケアプランを作成し、それに基づいてサービスの利用を開始します。

### 訪問調査の結果などから要介護を判定

　要介護認定の申請をすると、市区町村から派遣された調査員による聞きとり調査が行われます。調査員となるのは市区町村の職員または委託されたケアマネジャーで、各家庭で本人や家族と面会し、認定調査票の項目に従って心身の状態を具体的にチェックします。各項目は「できる・できない」「ある・ない・ときどきある」などの2～3択になっていますが、選択肢に迷うものも多いでしょう。調査には家族も立ち会い、日ごろの様子や家族が感じていることなども伝えると的確な認定につながります。その後、認定調査票と、要介護・要支援認定申請書に記載した主治医が提出する意見書に基づいて判定が行われ、「要介護1～5」「要支援1～2」「非該当」の区分が決められます。

### サービスを利用するためにはケアプランの作成が必要

　判定の結果は、申請から30日以内に郵送で通知されます。通知には、「要介護状態区分等」の欄に要介護度などが記載された介護保険被保険者証が同封されています。判定が「非該当」の場合、介護保険サービスを利用することはできません。

　実際に介護サービスを利用するためには、「ケアプラン」を作成する必要があります。自分で作成することもできますが、居宅介護支援事業者に所属するケアマネジャー（要介護1～5の場合）や、地域包括支援センター（要支援1～2の場合）に依頼するのが一般的です。ケアマネジャーは、市区町村役場や地域包括支援センターで紹介してもらうことができます。事前に面会し、本人や家族の意思を伝えやすく、信頼できる

人に依頼しましょう。

介護保険にはないサービスを障害者福祉サービスで利用する場合は、ケアプランに加え、相談支援専門員が作成するサービス等利用計画案も必要です（※）。

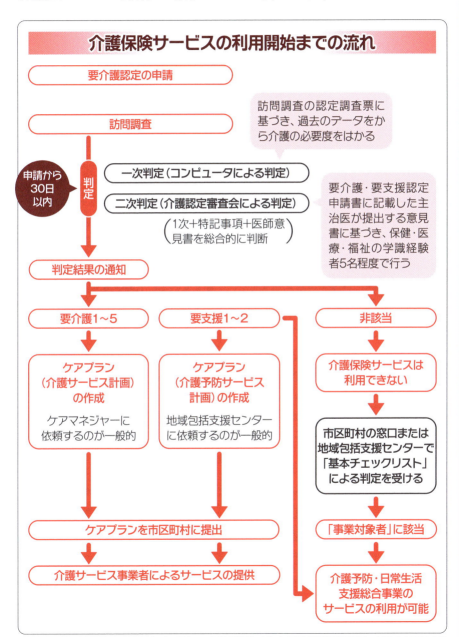

※十分なサービスが受けられないなどの理由で、介護保険サービスに同種の障害者福祉サービスを上乗せする場合は、ケアプランだけでよい

# 介護保険サービスには どのようなものがある？

介護保険サービスには、さまざまなものがあります。要介護度によって介護保険から給付される金額に上限が設けられているので、本人と家族が話し合ったうえでケアマネジャーと相談し、利用するサービスを決めましょう。

## 介護保険で利用できるサービスの種類

　介護保険が適用されるサービスは、「居宅介護支援サービス」「居宅サービス」「施設サービス」「地域密着型サービス」「福祉用具購入・住宅改修」に分けられます。ただし、要支援の場合は、利用できるサービスの種類や内容が異なります。

## 各種サービスの特徴を知って利用する

　居宅介護支援サービスは、ケアマネジャーがケアプランの作成や手続きを行うもの。このサービスに関しては介護保険から全額が支払われるため、自己負担はありません。

　居宅サービスは、自宅で暮らす利用者のためのもの。介護や看護スタッフが自宅を訪問するほか、施設に通って生活支援やリハビリテーションを受けたり、短期間、施設に入所したりするサービスもあります。

　施設サービスは、自宅から介護保険施設に住み替え、生活の支援や介護を受けるもの。とくに希望者の多い介護老人福祉施設（特別養護老人ホーム）は、要介護3以上であることが入所の条件となっています。

　地域密着型サービスは、住み慣れた地域での生活を続けるためのもの。夜間も対応可能な訪問介護・看護や、認知症の人のためのサービスなどがあります。また、定員が一定未満の施設への入居や通所なども、このサービスに含まれます。居住地の市区町村で提供されるサービスだけを利用することができます。

　福祉用具購入は、レンタルに適さない福祉用具の購入費用の補助を受けられるもの。住宅改修は、自宅介護のために必要な工事費用の補助を受けられるものです。

## 介護保険サービスのいろいろ

| 分類 | サービス名 | 内容 |
|---|---|---|
| | 居宅介護支援サービス | ケアマネジャーによるケアプランの作成や、サービスの利用に必要な連絡、手続きの代行など |
| 居宅サービス | 訪問介護 | 訪問介護員（ホームヘルパー）などが自宅を訪問し、介護や生活支援を行う ※要支援の人は利用不可 |
| | 訪問入浴介護 | 自宅に簡易浴槽を持ち込み、看護職員と介護職員が入浴の介助を行う |
| | 訪問看護 | 医師からの「訪問看護指示書」に従って、看護師が自宅を訪問して必要なケアを行う |
| | 訪問リハビリテーション | 医師が必要と認めた場合、理学療法士などが自宅を訪問し、リハビリテーションを行う |
| | 居宅療養管理指導 | 医師や歯科衛生士などの専門家が自宅を訪問し、療養に必要な管理・指導を行う |
| | 通所介護（デイサービス） | 施設に通い、生活に必要な支援を受けたり、レクリエーションを楽しんだりする ※要支援の人は利用不可 |
| | 通所リハビリテーション | 専門家のいる施設に通い、リハビリテーションや生活に必要な支援を受ける |
| | 短期入所生活介護（ショートステイ） | 特別養護老人ホームなどに短期間宿泊し、おもに生活面の介助を受ける |
| | 短期入所療養介護（ショートステイ） | 介護老人保健施設や医療機関に短期間宿泊し、おもに医療的なケアを受ける |
| | 特定施設入居者生活介護 | 「特定施設」の指定を受けた有料老人ホームなどの入居者が、介護や生活支援を受ける |
| | 福祉用具貸与 | 在宅介護に必要な一定の福祉用具を、利用料金の原則1割負担でレンタルできる |
| 施設サービス ※要支援の人は利用不可 | 介護老人福祉施設 | 特別養護老人ホームに入所し、必要な介護を受けながら生活する。要介護3以上の人が対象 |
| | 介護老人保健施設 | 介護老人保健施設（老健）に入所し、自宅に戻るためのリハビリテーションなどを行う |
| | 介護療養型医療施設 | 長期の療養が必要な人が介護療養型医療施設（※1）に入所し、医療的なケアと介護を受ける |
| | 介護医療院 | 2018年度の介護保険改正で創設。医療機能と生活機能を兼ね備えた施設サービス |

155

| | | |
|---|---|---|
| 地域密着型サービス | 地域密着型通所介護 | 通所介護（155ページ参照）のうち、定員が19名未満の施設によるもの ※要支援の人は利用不可 |
| | 夜間対応型訪問介護 | 訪問介護員が、夜間の訪問にも対応。定期巡回や、緊急時の随時対応などを行う ※要支援の人は利用不可 |
| | 認知症対応型通所介護 | 認知症の人のためのデイサービス。施設に通い、生活の支援や介護を受ける |
| | 小規模多機能型居宅介護 | 通所を中心に、利用者の希望に応じて宿泊も可能。生活の支援や機能訓練などを行う |
| | 定期巡回・随時対応型訪問介護看護 | 24時間体制で、訪問介護と訪問看護が連携して対応。定期巡回や随時訪問などを行う<br>※要支援の人は利用不可 |
| | 看護小規模多機能型居宅介護 | 通い・泊まり・訪問(看護・介護)のサービスを組み合わせて柔軟に対応してもらえる<br>※要支援の人は利用不可 |
| | 地域密着型特定施設入居者生活介護 | 特定施設入居者生活介護（155ページ参照）のうち、定員が29名未満の施設によるもの<br>※要支援の人は利用不可 |
| | 地域密着型介護老人福祉施設入所者生活介護 | 介護老人福祉施設（155ページ参照）のうち、定員が29名未満の施設によるもの<br>※要支援の人は利用不可 |
| | 認知症対応型共同生活介護（認知症高齢者グループホーム） | 認知症の人が、介護職員などの支援を受けながら、少人数で共同生活を送る<br>※要支援1の人は利用不可 |
| 福祉用具購入 | | レンタルに適さない衛生用品（便座や入浴補助用具など）のうち一定のものを購入した場合、年度ごとに10万円までは原則1割（※2）負担となる |
| 住宅改修 | | 自宅介護のために必要な6種類の工事（手すりのとりつけなど）については、1家屋につき20万円までは、工事料金が1割（※2）負担となる |

※1　廃止が決定されているが、新しい基準を満たす「療養機能強化型介護療養型医療施設」として存続する施設もある
※2　一定以上の所得がある場合は2割、そのうちさらに高所得者は2018年8月より3割

第8章

# 明日からの生活の支えになる障害年金

# 公的年金のしくみはこうなっています

年金の基礎知識

日本の公的年金は2階建てです。1階部分として、すべての人が加入し共通の基礎年金を支給する「**国民年金**」と、会社員・公務員等が加入し基礎年金に上乗せして年金を支給する2階部分の「**厚生年金**」で構成されています。

### 国民年金の被保険者は3種類に分かれる

　日本の公的年金制度は、2階建てといわれます。1階部分は日本に住む20歳以上60歳未満の人すべてが加入する「**国民年金（基礎年金）**」。この国民年金は職業などにより3つに区分されます。自営業、学生などを第1号被保険者といいます。会社員、公務員などを第2号被保険者といい、その第2号被保険者に扶養される配偶者が第3号被保険者です。第2号被保険者は1階部分の国民年金と同時に2階部分の厚生年金にも加入しています。

　将来受給できる老齢年金は、第1号被保険者から第3号被保険者まですべての被保険者が1階部分の老齢基礎年金を受けることができます。第2号被保険者は国民年金に加え「**厚生年金**」にも加入しているため、老齢厚生年金も合わせて2階部分も受けることができます。

### 年金には「老齢」「障害」「遺族」の3種類がある

　年金には高齢になったとき、生活を支えるための「**老齢年金**」があります。また、一家の大黒柱が亡くなったときに残された遺族の生活保障のための年金が「**遺族年金**」です。さらに、病気やケガなどにより障害を負ってしまった場合の年金として「**障害年金**」があります。

　病気やケガがもとで最初に医療機関で診察を受けた日（初診日）に国民年金に加入していた人は、障害基礎年金を受けることができます。会社員、公務員などの第2号被保険者期間中に初診日のある人は、一定の要件を満たせば、障害基礎年金に加えて、2階部分の障害厚生年金を受けることができます。

## 1階と2階の年金

**2階**: 厚生年金

**1階**: 国民年金（基礎年金）

| | 第1号被保険者 | 第2号被保険者 | 第3号被保険者 |
|---|---|---|---|
| | 自営業者<br>学生<br>無職等 | 会社員<br>公務員等 | 第2号被保険者の被扶養配偶者<br>（専業主婦等） |
| 保険料負担 | 国民年金保険料を各自で支払う | 厚生年金保険料として給与から天引きで勤務先が納付（本人と勤務先の折半負担） | 本人の負担はなく保険料納付済期間となる |

## 受給できる年金の種類

| | | 第1号被保険者 | 第2号被保険者 | 第3号被保険者 |
|---|---|---|---|---|
| 受給できる年金 | 老齢 | 老齢基礎年金 | 老齢厚生年金<br>＋<br>老齢基礎年金 | 老齢基礎年金 |
| | 障害 | 障害基礎年金 | 障害厚生年金<br>＋<br>障害基礎年金 | 障害基礎年金 |
| | 遺族<br>（遺族が受給） | 遺族基礎年金 | 遺族厚生年金<br>＋<br>遺族基礎年金 | 遺族基礎年金 |

第8章 明日からの生活の支えになる障害年金 ● 公的年金のしくみはこうなっています

## 受給要件

# 障害年金はどんなときにもらえますか？

障害年金は、障害を負ったからといってすべての人が受給できるわけではありません。「初診日要件」「保険料納付要件」「障害状態要件」の3つの要件をすべてクリアしていなければもらえません。

### どんなに症状が重くても請求しなければもらえない

　一般的に障害年金というと身体の障害を思い浮かべますが、実際の範囲はもっと広く、うつ病などの精神疾患、がん、糖尿病、人工透析などでも受給できる可能性があります。しかしどんなに病状が重くても、障害年金の案内書などはどこからも送られず、自分で請求しなければもらうことができません。そのため、もらえるのに請求していない人も多くいるといわれています。

　障害年金は障害を負って収入が減った人の生活保障のための年金ですが、働きながら受給できる場合もあります。要件を満たしていれば申請してみる価値は十分あると思います。

### 障害年金を受給するための3つの要件

　障害年金を受給するためには、下記の3つの要件をすべて満たすことが必要です。

#### ①初診日要件
　障害の原因となった病気やけがで初めて医師等の診療を受けた日に公的年金に加入していたこと。

#### ②保険料納付要件
　初診日の前日まで保険料の納付期間及び保険料免除期間が一定期間以上あること。

#### ③障害状態要件
　障害の程度の認定を行う日（原則、初診日から1年6カ月を経過した日）に障害等級に該当していること。

　おおざっぱに言うと障害年金を受け取るためには、「①初診日に公的年金（国民年金や厚生年金）に加入している」「②保険料を一定期間以上支払っている」「③障害の程度が一定以上である」この3つの要件をすべて満たしていれば受給できます。

## 障害年金をもらうための3つの要件

|  | 障害基礎年金 | 障害厚生年金 |
| --- | --- | --- |
| 要件①<br>初診日要件 | 初診日において以下の要件に該当していること<br>・国民年金の被保険者<br>・日本に住んでいる60歳以上65歳未満の人<br>・20歳未満の人 | 初診日において厚生年金の被保険者であること |
| 要件②<br>保険料納付要件 | アまたはイのどちらかを満たしていること<br>ア．初診日の前日において初診日の前々月までの被保険者期間のうち、保険料納付済期間と保険料免除期間を合わせた期間が3分の2以上あること<br>イ．平成38年3月までに初診日があり、かつ65歳未満の人は、初診日の前日において初診日の前々月までの直近1年間に未納期間がないこと ||
| 要件③<br>障害状態要件 | 障害認定日において障害等級1級または2級に該当していること（注1） | 障害認定日において障害等級1級、2級または3級に該当していること（注1） |

（注1）障害認定日に障害の状態が軽くても、その後、重症化したときは、障害年金を受け取ることができる場合があります（事後重症請求、172ページ参照）

## 障害年金に関わる重要な日

| 初診日とは | 障害の原因となった、病気やケガなどで、初めて医師または歯科医師の診療を受けた日のこと。同一の病気やけがで転医した場合でも一番初めの医師または歯科医師の診療を受けた日が初診日になる |
| --- | --- |
| 障害認定日とは | 障害の状態を確認する日で、初診日から起算して1年6カ月を経過した日、または1年6カ月以内に傷病が治った場合は治った日（注2） |

（注2）傷病が治ったとは症状が回復し元気な状態ということではなく、症状が固定してこれ以上治療の効果が期待できない状態のことをいう

受給要件

# 「初診日」の考え方について教えてください

初診日とは障害の原因となる病気やケガなどで、初めて医師等の診療を受けた日を言います。初診日を特定することで「保険料納付要件」の確認ができ支給される障害年金の内容も異なるため、障害年金請求には重要な日となります。

## 初診日の特定は障害年金請求の大きなカギとなる

　初診日は、障害年金請求では大変重要です。初診日を特定することで、保険料納付要件等の確認や障害認定日が決定され、障害年金の内容に大きく影響するからです。初診日とは、障害の原因となる病気やケガなどで、初めて医師または歯科医師の診療を受けた日を言いますが、同一の病気やケガで転医した場合は、一番はじめに受診した医療機関の医師の診療を受けた日が初診日です。

　異なる傷病名で診察を受けた日が初診日になる場合もあります。たとえば、不眠で近所の内科を受診し、その後精神科でうつ病と診断された場合、最初の内科で診療を受けた日が初診日になることもあります。

　病気やケガが治り社会生活ができるようになった人が、その後、同じ病気やケガが再発した場合、再発後、最初に医師の診療を受けた日が初診日となる場合があります。

　診療を受けた日以外が初診日の場合もあります。たとえば先天性の知的障害の初診日は出生日となります。この場合は、20歳前の障害基礎年金が受給できる場合があります。

## 「相当因果関係」があるか、ないかで初診日が変わる

　障害年金の請求で前の病気やケガがなければ後の病気やケガが起こらなかったであろうと認められるときは、「相当因果関係あり」として前の病気やケガの診療を受けた日が初診日となります。たとえば、肝炎の人が肝硬変になった場合、「相当因果関係あり」とされ、肝炎の受診した日が初診日となります。ただし「相当因果関係のあるなし」の判断は医師の確認が必要です。

## 初診日の取り扱い

| 傷病などの例 | 初診日 |
|---|---|
| 初めて診療を受けた場合 | 治療行為または診療に関する指示があった日 |
| 同一の傷病で転医があった場合 | 一番初めに医師等の診療を受けた日 |
| 過去の傷病が治癒し同一傷病で再度発症している場合 | 再度発症し医師等の診療を受けた日 |
| 傷病名が確定しておらず、対象傷病と異なる傷病名であっても、同一傷病と判断される場合 | 他の傷病名の初診日が対象傷病の初診日 |
| じん肺症（じん肺結核を含む） | じん肺と診断された日 |
| 障害の原因となった傷病の前に**相当因果関係がある**と認められる傷病があるとき(注1) | 最初の傷病の初診日が対象傷病の初診日 |
| 先天性の知的障害（精神遅滞） | 出生日 |
| 先天性心疾患、網膜色素変性症 | 具体的な症状が出現し、初めて診療を受けた日 |
| 先天性股関節脱臼 | ・完全脱臼したまま生育した場合は出生日<br>・青年期以降になって変形性股関節症が発症した場合は、発症後に初めて診療を受けた日 |

・過去の傷病が治癒したのち再び同一傷病が発症した場合は、再発として過去の傷病とは別傷病としますが、治癒したと認められない場合は、傷病が継続しているとみて同一傷病として取り扱われる
・障害年金の初診日は、医師または歯科医師の診療を受けた日とされているため、整骨院、ほねつぎ、鍼灸院等は初診日と認められない

## (注1) 相当因果関係があると判断される例

| 糖尿病 | 糖尿病性網膜症、糖尿病性腎症、糖尿病性壊疽（糖尿病性神経障害、糖尿病性動脈閉鎖症） |
|---|---|
| 糸球体腎炎（ネフローゼを含む）、多発性のう胞腎、慢性腎炎 | 慢性腎不全 |
| 肝炎 | 肝硬変 |
| 結核 | 聴覚障害（化学療法の副作用） |
| 輸血の必要な手術 | 肝炎（手術等による輸血） |

## 相当因果関係がないと判断される例

| 高血圧 | 脳出血、脳梗塞 |
|---|---|
| 近視 | 黄斑部変性、網膜剥離、視神経萎縮 |
| 糖尿病 | 脳出血、脳梗塞 |

受給要件

# 保険料納付要件が問われます

障害年金受給のための2つ目の要件は保険料納付要件です。初診日の前々月までに保険料を3分の2以上支払っているかまたは、直近1年間の間に未納がないかが問われます。

## 保険料を一定以上支払っていないと納付要件を満たせない

　障害年金を受給するための2つ目の要件は初診日の前々月までの保険料を一定以上支払っていることです。詳しくいうと、初診日の前日において初診日の前々月までに保険料納付期間と保険料免除期間の合計が、保険料を支払うべき期間の3分の2以上あることが必要です。また、平成38年までの特例として初診日の前日において初診日の前々月までの直近1年間に未納期間がない場合も要件を満たしたものとみなされます（20歳未満で年金制度に加入していない期間に初診日がある場合は、納付要件は問われません）。

## 病気やケガをした後に保険料を支払っても要件は満たされない

　納付要件の「初診日の前日において初診日の前々月」という言葉は重要です。「初診日の前日」とは初診日の前日までに保険料が納付されているかということです。納付記録確認の際、初診日以降に初診日前の保険料を後払いで支払っている記録が見つかることがありますが、その部分は「初診日の前日」までに納付したとは認められません。

　また、「初診日の前々月」とされているのは、年金保険料は当月分を翌月末までに納めるので、たとえば5月10日が初診日とすると前月4月分の保険料は初診日の後でも支払いができ未納とはならないことから「前々月」とされているのです。

　保険料納付記録が不足のため障害年金を請求できない場合も多数あります。保険料を納付できない場合は保険料の免除の申請ができないか確認するなどしてできる限り未納期間を作らないようにしましょう。

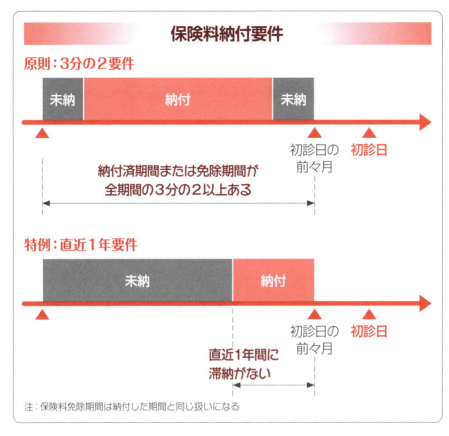
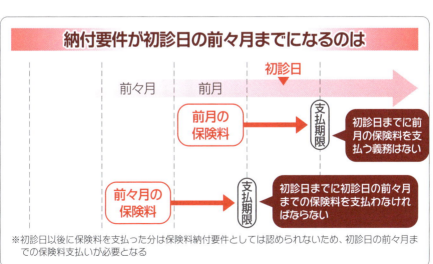

受給要件

# 障害の程度で年金額が決まります

初診日から1年6カ月後の障害認定日に一定の障害状態にあることが3番目の要件です。障害基礎年金には、1級、2級があり、障害厚生年金には1級、2級のほかに3級があります。さらに障害手当金という一時金があります。

## 初診日から1年6カ月後の障害認定日に障害状態にあるか

障害年金受給のための3番目の要件は、「障害認定日」に障害の状態にあることです。障害認定日とは、初診日から1年6カ月を経過した日、または1年6カ月以内に治った場合はその治った日をいいます。

ここでいう「治った」とは病気が回復した時と思いがちですが、そうではありません。障害年金の「治った」とは病状が固定し、これ以上の治療効果が期待できない状態になったことをいいます（右ページ参照）。

この障害認定日に一定以上の障害の状態にあることが障害年金受給の要件になります。

## 障害年金は一番症状の重いものが1級になる

障害年金はその症状が一番重いものを1級、次に重いものを2級という呼び方をします。1級、2級の基準は国民年金の障害基礎年金、厚生年金の障害厚生年金ともに同じです

### 障害の程度と等級

重い ← 障害の程度 → 軽い

| 障害厚生年金 1級 | 障害厚生年金 2級 | 障害厚生年金 3級 | 障害手当金 |
| 障害基礎年金 1級 | 障害基礎年金 2級 | | |

※初診日が厚生年金に加入し、障害等級1、2級に該当する場合は障害基礎年金と障害厚生年金1、2級を合わせて受給できる

が、厚生年金には、さらに3級もあります。また、傷病の初診日から5年以内に治り、障害等級の3級より軽い障害が残った場合、「**障害手当金**」という一時金が支給されます。

どの程度の障害になったら何級の障害年金を受給できるのかは、「国民年金・厚生年金保険 障害認定基準」により確認できます。多くは請求する前におおよそ何級に該当するかわかりますが、確実に認定基準に該当しているか実際に請求してみないとわからないものも多くあるのが現状です。

## 障害の程度

| | |
|---|---|
| 障害基礎年金<br>障害厚生年金<br>1級 | 日常生活に著しい支障があり、他人の介助が必要な状態。身の回りのことはかろうじてできるが、それ以上のことはできない。たとえば、病院内の生活でいえば活動の範囲がおおむねベッド周辺に限られるものであり、家庭内の生活でいえば活動範囲がおおむね就床室内に限られるもの |
| 障害基礎年金<br>障害厚生年金<br>2級 | 日常生活に支障があり、他人の介助は必ずしも必要ではないが、日常生活に著しい制限を受ける。たとえば、病院内の生活でいえば活動範囲がおおむね病棟内に限られるものであり、家庭内の生活でいえば活動範囲がおおむね家屋内に限られるもの |
| 障害厚生年金<br>3級 | 労働が著しい制限を受けるか、または労働に著しい制限を加えることを必要とする程度のもの（「傷病が治らないもの」に関しては傷病手当金に該当する障害の状態の場合3級に該当する） |
| 障害手当金 | 「傷病が治ったもの」であって労働が制限を受けるかまたは労働に制限を加えることを必要とする程度のもの。3級よりやや軽い障害が残った状態 |

## 障害認定日の特例

障害認定日は初診日から1年6カ月を経過した日とするのが原則ですが、1年6カ月前に下記のような状態になった場合は治癒したとして該当した日を障害認定日とします。

| 施術 | 傷病が治癒した日＝障害認定日とされる日 |
|---|---|
| 喉頭全摘出 | 全摘出した日 |
| 人工骨頭、人工関節を挿入置換 | 挿入置換した日 |
| 在宅酸素療法 | 開始した日 |
| 心臓ペースメーカー、人工弁 | 装着した日 |
| 人工透析療法 | 透析開始日から3カ月を経過した日 |
| 人工肛門造設、尿路変更術 | 造設、手術をした日から6カ月を経過した日 |
| 新膀胱造設 | 造設した日 |

# 国民年金の障害年金はいくらもらえますか？

障害年金は障害の状態（等級）によって受給できる額が異なります。障害基礎年金は定額で、2級は老齢基礎年金の満額と同額の779,300円（平成30年度金額）、1級は2級の1.25倍の金額になります。

## 国民年金の加入者は障害基礎年金が受給できる

　初診日において自営業者等で国民年金に加入し、保険料の納付要件を満たしている人が病気やケガで障害を負ったとき「**障害基礎年金**」を受給することができます。障害基礎年金の額は加入期間の長短に関係なく一律に定額が支給されます。受給できる金額は障害の程度によって1級・2級に区分され、2級と認定された人は**779,300円**（平成30年度金額）。1級の人は2級の1.25倍、**974,125円**になります。

　また、働き盛りの人が障害になり子育てに困窮するケースも想定されることから、18歳になった最初の3月31日までの子（障害等級1、2級の子は20歳未満の子）を扶養しているときは、子の加算額もプラスされます。金額は子が2人目までは、1人につき**224,300円**、3人目からは1人につき**74,800円**です。

## 先天的な障害を持った人にも障害基礎年金が支払われる

　障害基礎年金は20歳以降に国民年金に加入している間の病気やケガだけでなく、子どものころの病気やケガで障害が残った人や、先天的な障害のある人にも支払われます。支給は20歳からで、「**20歳前障害による障害基礎年金**」といいます。

　20歳前は国民年金保険料の納付義務がないので保険料の納付要件は問われませんが、受給者本人の所得制限が設けられ、また条件により支給停止される場合があります（右ページ参照）。障害基礎年金の請求の手続きは市区町村役場の国民年金の窓口で行います。初診日が国民年金第3号被保険者期間中はお近くの年金事務所になります。

## 障害基礎年金の金額

基本額　1級：974,125円（2級の1.25倍）
　　　　2級：779,300円

| 子の数 | 子の加算額(注1) | 年金額（1級） | 年金額（2級） |
|---|---|---|---|
| 子がいない場合 | 0円 | 974,125円 | 779,300円 |
| 子が1人 | 224,300円 | 1,198,425円 | 1,003,600円 |
| 子が2人 | 448,600円 | 1,422,725円 | 1,227,900円 |
| 子が3人 | 523,400円 | 1,497,525円 | 1,302,700円 |

> 子の加算額
> 2人目までは1人につき224,300円
> 3人目からは1人につき74,800円

※子とは18歳の年度末までにある子、または20歳未満の障害等級1、2級の子（婚姻をしていない子）

### 「20歳前障害による障害基礎年金」受給者には支給停止要件がある

【支給停止される場合】

・所得制限
（前年の所得に応じてその年の8月から翌年の7月まで支給が停止される）

| 扶養人数 | 0人 | 1人 | 1人増すごとに |
|---|---|---|---|
| 一部停止限度額 | 3,604,000円 | 3,984,000円 | 380,000円 |
| 全部停止限度額 | 4,621,000円 | 5,001,000円 | |

※老人扶養・特定扶養親族等がいる場合は別の基準となります

・労災保険の給付を受けるとき

・日本国内に住所を有しないとき

・少年院等の施設に拘禁されているとき

・有罪により刑事施設等に拘禁されているとき

障害年金の金額

# 障害厚生年金はいくらもらえますか？

会社員や公務員が受給できる障害厚生年金は、障害基礎年金と違い定額ではなく厚生年金に加入中の報酬金額と加入月数によって、それぞれの金額が決まります。生計維持されている配偶者がいる場合にはさらに加算があります。

## 障害厚生年金の金額は報酬と加入月数によって変わる

　初診日に厚生年金に加入中で受給要件を満たした人には「**障害厚生年金**」が支給されます。障害厚生年金は障害基礎年金と異なり1、2級だけでなく3級まであります。障害厚生年金1級または2級の人は障害基礎年金と合わせて支給されることになります。3級の人は障害厚生年金のみの支給になります。

　また、5年以内に傷病が治った（状態が固定した）場合で状態が3級より軽く、障害等級表の定める障害状態である場合、障害手当金という一時金が支給されます。

　障害厚生年金の金額は、障害基礎年金のように一定額ではなく厚生年金に加入中の報酬と加入月数によって決まるため各人により金額は異なります。ただし、障害認定日のある月までに厚生年金の加入月数が25年（300月）に満たない場合は25年働いたものとみなして計算されます。これは働き始めてすぐにケガをしたときなど厚生年金の加入月数が短い場合、年金額が少なくなってしまうため、300月とみなして計算することによって障害を負った人の生活を保障しようとするものです。

　障害厚生年金の年金額は報酬と加入月数によって計算されますが、この部分を「**報酬比例部分**」といいます。報酬比例部分は2級を基準とし、1級は2級の1.25倍の金額です。3級は2級と同じ金額ですが、最低保証額が決まっています。障害手当金は一時金のため2級の年金額を2倍した金額です。障害手当金も最低保証額が決まっています。

## 障害厚生年金は生計維持されている配偶者がいる場合、加算額がある

障害基礎年金には子（※）がいるとき加算額がつきますが、障害厚生年金には1級または2級に該当した人に、生計を維持されている配偶者がいる場合、配偶者加給年金が加算されます。

（※）子とは18歳の年度末までにある子、または20歳未満の障害等級1、2級の子（婚姻をしていない子）

## 障害厚生年金の金額

| 障害等級 | 内容 |
| --- | --- |
| 1級 | 報酬比例部分の年金額×1.25倍＋配偶者加給年金（注1） |
| 2級 | 報酬比例部分の年金額＋配偶者加給年金（注1） |
| 3級 | 報酬比例部分の年金額（最低保障額584,500円） |
| 障害手当金（一時金） | 報酬比例部分の年金額の2倍（最低保障額1,169,000円） |

※1級、2級の人は基本的に上記に合わせて障害基礎年金が支給される

### 報酬比例部分の年金額の計算方法

**A「平成15年3月までの期間」**

平均標準報酬月額（賞与等を含まない）×7.125／1,000×被保険者月数（注2）

**B「平成15年4月以降の期間」**

平均標準報酬額（賞与等を含む）×5.481／1,000×被保険者月数（注2）

### 報酬比例部分の年金額

（注1）配偶者加給年金　224,300円（平成30年度金額）
配偶者加給年金対象の配偶者とは受給者により生計維持されている人（事実婚を含む）で、年収850万円未満かつ65歳未満の人をいう
（注2）被保険者月数とは厚生年金の加入開始月から障害認定日のある月までの合計加入月数。被保険者月数が300月に満たない場合は300月とみなして計算する

## 障害年金の請求方法を教えてください

障害年金の請求は障害認定日に行う「認定日請求」(本来請求)のほかに障害認定日から1年以上経過後に、障害認定日に遡って請求する「遡及請求」、また、障害認定日以降の症状悪化による「事後重症請求」などがあります。

### 障害年金の請求には3つの方法がある

障害年金請求の中で基本は「認定日請求」です。障害認定日とは、初診日から1年6カ月を経過した日、または、その間に治った(症状が固定した)場合は治った日をいいます。

「認定日請求」は、障害認定日から1年以内に請求した場合で、診断書は障害認定日から3カ月以内の症状が書かれたものが必要です。認められた場合、障害認定日の翌月分から障害年金が受給できます。

本来「認定日請求」をするべきであったのに、何らかの理由で障害認定日から1年以上経過してしまい、その後に請求することになった場合、「遡及請求」をすることになります。この場合、診断書が2枚必要になります。1枚は認定日請求の時と同じく障害認定日から3カ月以内の症状が書かれたものですが、さらに請求時以前3カ月以内の症状が書かれた診断書も必要です。「遡及請求」が認められると障害認定日の翌月分からさかのぼって障害年金を受給できますが、5年以上遅れて請求した場合、時効により最大5年までしかさかのぼって受給できません。

### 「事後重症請求」は請求が遅れると受給額が減ってしまう

「事後重症請求」は障害認定日に障害等級に該当しなかったが、その後症状が悪化して障害等級に該当した場合、請求日の翌月分から受給できるというもの。この場合必要な診断書は、請求時以前3カ月以内の症状が書かれたもの1枚です。ただし、注意点としては、65歳までに請求しなければならないことと、請求の翌月分から支給になるため請求が遅れるとその分受給額が減ることです。

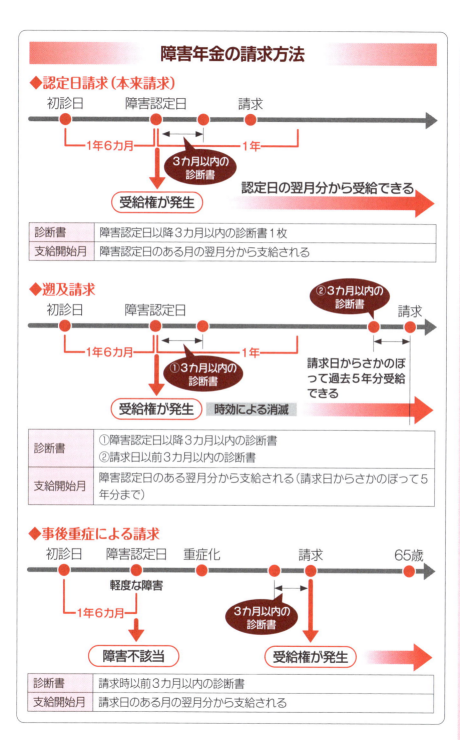

# 障害年金の請求で最初に行うこと

障害年金を請求する場合、年金事務所等に相談に行く前に「傷病名」と「初診日」をあらかじめ確認しておくと、相談がスムーズに進みます。年金事務所では保険料納付要件等を確認して請求に必要な書類を受け取ります。

## 初診日の証明がなければ障害年金は受給できない

　障害年金の請求をする場合、年金事務所等に相談に行く前にしておくことがあります。それは「傷病名」と「初診日」をあらかじめ確認しておくことです。

　「傷病名」は日本年金機構のホームページの「国民年金・厚生年金保険　障害認定基準」などを見て自分の傷病が障害年金に該当するか確認しておきましょう。ただし、精神の障害など明確にわからない場合もあります。その場合は医師に相談しましょう。さらに大切なのが「初診日」です。請求する傷病に関して体調に変化があったのはいつごろからか思い出しておきましょう。合わせてその時かかった医療機関も確認したうえで相談に行くことができれば、相談もスムーズに進みます。

## 年金事務所等に相談に行き必要書類を受け取る

　「傷病名」と「初診日」を確認したら、年金事務所等に相談に行きましょう。年金事務所では初診日に加入していた制度により、請求できる年金が障害基礎年金か障害厚生年金か異なるため、初診日に加入していたのが国民年金か厚生年金かの確認をします。その上で「保険料納付要件」を確認します。

　保険料納付要件を満たしている場合、傷病の状態などを確認したうえで、請求に必要な書類を受け取ることができます。書類は日本年金機構のホームページからもダウンロードできますが、年金事務所等で相談の際、よく確認したうえで受け取るほうがいいでしょう。さらに、障害年金の請求には右ページに示すような診断書が必要です。

## 診断書の種類

| 様式番号 | 診断書 |
|---|---|
| 様式120号の1 | 眼 |
| 様式120号の2 | 聴覚、鼻腔機能、そしゃく、嚥下機能、言語機能 |
| 様式120号の3 | 肢体の障害用 |
| 様式120号の4 | 精神の障害用 |
| 様式120号の5 | 呼吸器疾患 |
| 様式120号の6-(1) | 循環器疾患 |
| 様式120号の6-(2) | 腎疾患、肝疾患、糖尿病 |
| 様式120号の7 | 血液・造血器、その他 |

## 診断書（様式120号の4：精神の障害用）

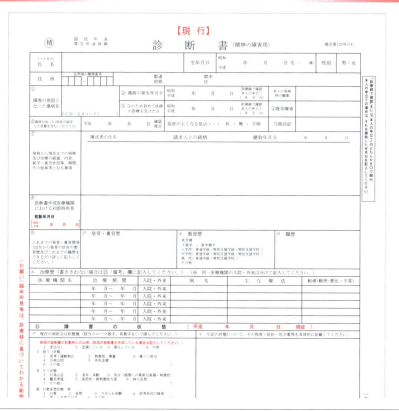

# 初診日の証明を するための書類とは

障害年金の請求

初診日を証明する書類を「受診状況等証明書」といいます。受診した医師に作成してもらいますが、何らかの理由で作成してもらえず初診日の証明ができない場合、本人の申し立てにより初診日を立証する資料が必要になります。

## 「受診状況等証明書」は 初診日を証明する重要な書類

　はじめて医師の診療を受けた日を証明する書類が「受診状況等証明書」です。初診日の医師に作成してもらいます。初診日の医療機関と現在通っている医療機関が同じ場合は現在の医師が初診日の証明もできるため「受診状況等証明書」は必要ありません。

　初診日の医療機関が廃業している場合や、現在開業していてもカルテの法定保存期間は5年なのでそれより前に初診日がある場合等は初診日の医療機関で「受診状況等証明書」の作成依頼ができません。ただし、カルテを5年以上保存している場合やその他の資料で「受診状況等証明書」を作成できる医療機関もありますからよく確認することが必要です。いろいろ手を尽くし確認しても初診日の医療機関に「受診状況等証明書」を作成してもらえない場合は、次に受診した医療機関で「受診状況等証明書」を作成してもらいます。そこでも作成依頼できない場合は、さらに次に受診した医療機関で作成してもらいます。

## 「受診状況等証明書」を 作成できないとき

　「受診状況等証明書」を作成してもらえない医療機関がある場合、「受診状況等証明書が添付できない申立書」を提出する必要があります。しかしこの書類だけで初診日は認定されず参考資料（右ページ参照）をできるだけ多く添付して提出することになります。

　また、平成27年10月から初診日を確認する方法が広がり、本人の申し立てた初診日が認められる場合として①初診日について第三者が証明

する書類があり、他にも参考資料が提出された場合、②初診日が一定期間内にあることを示す参考資料が提出され、保険料納付要件など一定の条件を満たしている場合など初診日が認められるようになりました。

### 初診日を証明するための書類（サンプル）

受診状況等証明書 ／ 受診状況等証明書が添付できない申立書

### 初診日の証明として認められる可能性のある書類

| |
|---|
| ・身体障害者手帳、療育手帳、精神障害者保健福祉手帳 |
| ・身体障害者手帳等の申請時の診断書 |
| ・生命保険・損害保険・労災保険の給付申請時の診断書 |
| ・事業所等の健康診断の記録 |
| ・母子健康手帳 |
| ・健康保険の給付記録（レセプトを含む） |
| ・お薬手帳、糖尿病手帳、領収書、診察券<br>　（可能な限り診察日や診療科が分かるもの） |
| ・小学校・中学校等の健康診断の記録や成績通知表 |
| ・盲学校・ろう学校の在学証明・卒業証書 |
| ・その他客観的な証明になりうるもの |

※初診日を証明する文書が何もない場合「第三者証明」による方法も残されている

# 年金請求書提出に必要な書類とは

障害年金の請求

「受診状況等証明書」が取れたら、現在治療を受けている医師に「診断書」の作成を依頼します。その後、「病歴・就労状況等申立書」を自分で作成し、「障害年金請求書」に必要な添付書類を合わせて年金事務所等に提出します。

## 診断書の内容が障害年金に大きく影響する

「受診状況等証明書」の準備ができたら、医師に「受診状況等証明書」を確認してもらい、診断書の作成を依頼します。先に「受診状況等証明書」を用意する理由は、診断書に初診日の記述が必要だからです。

障害年金の請求方法は大きく3つあり（172ページ参照）、請求方法や請求時期により、いつの診断書が必要なのか、何枚の診断書が必要なのか異なりますので、診断書の作成を医師に依頼する際は注意が必要です。

「診断書」を作成してもらったら、あとは、「病歴・就労状況等申立書」の作成です。「病歴・就労状況等申立書」は、障害の原因となった病気やケガに関して発病した時から現在までの経過を本人が記入する書類です。診療の履歴、治療の経過、日常生活の状態を正確に記入します。注意する点は治療をしていなかった期間に関しても治療を受けていなかった理由とその期間の生活状態を書き期間に隙間のないようにします。全期間の経過がよくわかるように書くことと、医師の診断書と整合性がとれていることが重要です。

## 最後に障害年金請求書を作成して添付書類とあわせ提出する

医師に作成してもらう「受診状況等証明書」「診断書」、自分で作成する「病歴・就労状況等申立書」。以上がそろったら年金請求書に必要事項を記入し、年金手帳、受取先金融機関の通帳等を用意します。また、加算の対象者（配偶者または子）がいる場合は、戸籍謄本、世帯全員の住民票などが必要になります。このように状況によって提出書類が異なるので一つひとつ確認しましょう。

## 必ず用意する書類

| | |
|---|---|
| 年金手帳・<br>基礎年金番号通知書 | 基礎年金番号の確認のため提出 |
| 年金請求書<br>（請求者が記入） | 住所地の市区町村役場、お近くの年金事務所、街角の年金相談センターで入手できる。（ホームページからダウンロード可能）初診日に加入していた年金制度により年金請求書が異なる |
| 医師の診断書<br>（医師が記入） | 障害認定日より3カ月以内の現症のもの。障害認定日と年金請求日が1年以上離れている場合は、直近の診断書（年金請求日前3カ月以内の現症のもの）も併せて必要となる。診断書の種類によってレントゲンフィルム、心電図のコピーの添付も必要 |
| 受診状況等証明書<br>（医師が記入） | 初診日の医療機関と診断書を作成した医療機関が異なる場合、初診日確認のため必要 |
| 病歴・就労状況等申立書<br>（請求者が記入） | 発病から初診までの経過とその後の受診状況と就労状況について記入。障害状態を確認するための補定資料 |
| 戸籍抄本又は住民票<br>（注1） | 本人の生年月日について明らかにすることができる書類。ただし請求書にマイナンバーの記入することにより添付省略可 |
| 受取先金融機関の<br>通帳等（本人名義） | カナ氏名、金融機関名、支店番号、口座番号が記載された部分を含む預金通帳またはキャッシュカード（写しも可）等。請求書に金融機関の証明を受けた場合は添付不要 |
| 印鑑 | 認印可 |

## 加算額の対象者（配偶者または子）がいる場合に必要な書類

| | |
|---|---|
| 戸籍謄本（注1） | 配偶者及び子について、請求者との続柄および配偶者・子の氏名、生年月日確認のため |
| 世帯全員の住民票（注1） | 請求者との生計維持関係を確認するため |
| 配偶者・子の収入が<br>確認できる書類 | 生計維持関係確認のため<br>配偶者の場合：所得証明書（課税（非課税）証明書、源泉徴収票等）<br>子の場合：義務教育終了前は不要。高等学校在学中の場合は在学証明書または学生証等 |
| 子についての診断書 | 20歳未満で障害状態1級または2級に該当する子がいる場合 |

その他、状況に応じて必要な書類があります
（注1）障害認定日による請求の場合は、障害認定日以降かつ請求日以前6カ月以内、事後重症による請求の場合は、請求日以前1カ月以内のものを添付する

## 障害年金の請求

# 請求から支給までの流れを教えてください

障害年金請求から約3カ月半後に受給できる場合には「年金証書・年金決定通知書」が送られ、それから約50日後に最初の振り込みがあります。不支給の場合は、請求から約3カ月半後に「不支給決定通知書」送付されます。

### 障害年金請求書類は複雑なのでよく確認してそろえる

　提出書類がすべてそろったら、障害基礎年金は市区町村役場（初診日が第3号被保険者期間中の場合は年金事務所）、障害厚生年金は年金事務所へ提出します。

　年金事務所等の窓口では提出書類の内容を確認したうえで受け取ります。不足の書類、必要事項の記入漏れなどがあり、年金事務所等に何度も通わなくてはならない場合があります。その分審査が遅れ、結果までの時間が多くかかることになります。なるべく一度で済むように、提出書類は年金事務所等で相談の際よく確認しておきましょう。

### 請求から振込まで通常約5カ月かかる

　請求書を提出後、日本年金機構の審査があり、障害年金の受給が決定された場合は、書類提出から約3カ月半後に「**年金証書・年金決定通知書**」が届きます。これには年金の種類、受給権を取得した年月、年金額、次回の診断書の提出日などが書かれています。

　それから約50日後に請求時に指定した口座に初回の障害年金が振り込まれます。

　障害年金を受け取ることができない決定がでた場合は書類提出から約3カ月半後に「**不支給決定通知書**」が送付されます。支給の決定、不支給にかかわらず記載されている内容をよく確認しましょう。支給決定されていたとしても実際より低い等級で決定され納得がいかない場合は、「**審査請求**」（182ページ参照）を行うこともできます。

## 請求から支給までの流れ

### ①傷病名と初診日を確定する

　初診日がいつだったか、その時点でどの年金制度に加入していたか確認する

↓

### ②請求先の窓口で相談する

　初診日に加入していた年金制度が国民年金なら市区町村役場、厚生年金ならお近くの年金事務所に相談し、保険料納付要件を満たし受給要件があるか確認する。また、障害給付の年金請求書、診断書、受診状況等証明書、病歴・就労状況等申立書などの書類を受け取る

↓

### ③必要な書類をそろえる

　相談窓口でもらった書類を記入し、医師等に診断書の作成を依頼します。また、その他の必要添付資料を用意する

↓

### ④「年金請求書」を窓口に提出する

　すべての書類をそろえて年金事務所等に提出します。日本年金機構で障害状態の確認や障害年金の決定に関する審査が行われる

約3カ月半後

### ⑤「年金証書・年金決定通知書」が自宅に届く

　障害年金が受け取れる場合は日本年金機構から「年金証書・年金決定通知書」などが届きます。障害年金が受け取れない場合は不支給決定通知書が送付されます。審査に納得がいかない場合は、「不服申し立て」（審査請求）を行うことができる

約50日後

### ⑥年金振込みがスタート

　年金証書が届いてから約50日後に初回の年金が振り込まれ、2回目以降は偶数月に前月と前々月の2カ月分が振り込まれる

# 障害年金の決定に不服がある場合どうしますか？

不支給決定や障害等級に納得できない場合、社会保険審査官に「審査請求」を行うことができます。さらに、「審査請求」の決定に納得できない場合は、社会保険審査会に「再審査請求」を行うことができます。

## 「審査請求」には期限があり、それ以降は行うことができない

日本年金機構から不支給の通知が届いた場合や、支給決定されても障害等級に納得がいかないときは、住所地の社会保険審査官（地方厚生局）に不服を申し立てることができます。これを「審査請求」といいます。

「審査請求」は結果を知った日の翌日から3カ月以内に行わなければなりません。この3カ月以内は通知を受け取った日や不支給決定通知書に記載されている日からではなく実際に結果を知った日からになります。審査請求は文書または口頭で行うことになっていますが通常は文書（「審査請求書」）で行うことになります。「審査請求書」を提出後、通常3〜4カ月後に「決定書」が届きます。「審査請求」を行う場合は、住所地の年金事務所等で手続き方法を教えてくれます。

## 「審査請求」で納得がいかなければ「再審査請求」を行う

「審査請求」でも納得できない場合は、社会保険審査官の決定書の謄本が送られた日の翌日から2カ月以内に、社会保険審査会（厚生労働省）に「再審査請求」をすることができます。

「決定書」に「再審査請求」をする場合の連絡先が載っています。

平成28年4月からは「審査請求」で認められない場合、「再審査請求」に行かず処分取り消しの訴えを直接裁判所に起こすこともできますが、通常の場合は「再審査請求」を行うことになります。

また、改正後は「社会保険審査官」に文書、口頭で意見陳述できる機会ができました。

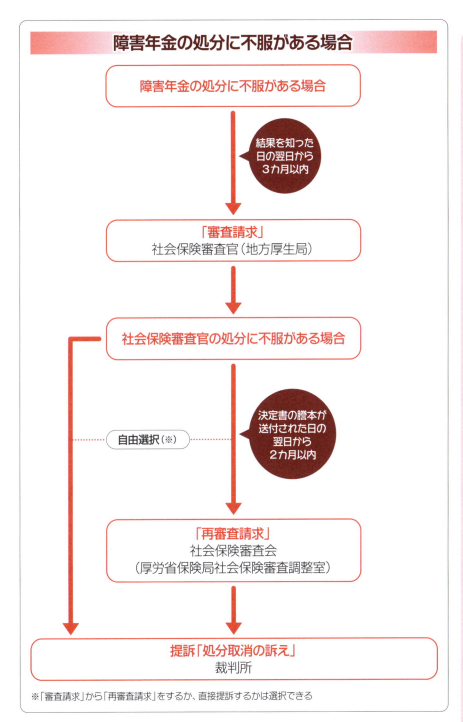

# 受給後、障害の程度が変わったときは？

障害年金の受給後、「有期認定」による診断書の審査で障害等級が変更され支給額が下がったり、「支給停止」になる場合があります。また、障害状態が悪化した場合、自ら「額の改定請求」をすることもできます。

## 「有期認定」による更新により障害等級が変更される場合がある

　障害年金を受給後、症状が変わらないような障害の場合は「永久認定」とされ、その後の診断書提出は求められません。いっぽう、その後の病状確認が必要と判断されたものは、「有期認定」とされ1年〜5年ごとに診断書の提出が必要です。たとえば2年の有期認定の場合、2年ごとに誕生日の前月末から誕生月の初めに「障害状態確認届」という診断書が送られてきます。この診断書を医師に作成してもらい誕生月の末日までに日本年金機構に送付して更新の審査をしてもらいます。この提出期限に遅れてしまうとその間年金の支払いが停止されます。障害状態の確認ができれば遡って受給できます。

　等級に変更がない場合は次回の診断書提出年月の記載がある「次回の診断書の提出について」が送られてきます。等級に変更があった場合は、支給額の変更日が書かれた「支給額変更通知書」が送られてきます。また、支給停止になった場合は「支給停止のお知らせ」が届きます。支給停止になっても65歳になるまで再び障害が重くなった場合は診断書を添えて「支給停止事由消滅届」を提出することができます。

## 自分で診断書を提出して「額の改定請求」をすることができる

　障害状態が悪化した場合、現在の等級より上の等級への「額の改定請求」を行うこともできます。この請求は年金の受給権を取得した日、または、日本年金機構の審査を受けた日から1年経過後に行うことができるとされていますが、厚生労働省が定めた症状のものは1年以内であっても可能です。

## 障害の程度が変わった場合

### 【症状が変わらないような障害の場合】
**永久認定**
状態確認のための診断書の提出不要(注1)

### 【状態の確認が必要な場合】
**有期認定(1年〜5年ごと)**
障害状態確認届（医師記載の診断書）の提出が必要

- **等級変更なし**：「次回の診断書の提出について」が送付される → 次回の更新
- **等級変更あり**：「国民年金・厚生年金保険支給額変更通知書」が送付される → 次回の更新
- **支給停止**：「支給停止のお知らせ」が送付される
  - 65歳までの間に再び障害が重くなった場合は「老齢・障害給付受給権者支給停止事由消滅届」と「診断書」を年金事務所に提出する

注1　次の人は毎年書類の提出が必要
① 住民基本台帳ネットワークで生存確認できない人→現況届の提出が必要
② 加給対象者（配偶者又は子）がいる人→生計維持確認届の提出が必要
③ 20歳前障害基礎年金の受給者→毎年7月に所得状況届の提出が必要

## 障害年金の額改定請求

以下の場合は年金額の改定請求ができない

- **年金の権利が発生した日、または審査を受けた日から1年以内**
  ※ただし平成26年4月改正により、省令に定められた障害の程度が増進したことが明らかである場合には1年を待たずに請求することが可能

- **過去に2級以上に該当したことのない障害厚生年金3級受給者で65歳以上の人**

障害年金の請求

# ほかの社会保障との調整の仕方は？

健康保険の傷病手当金と同一の傷病による障害厚生年金を受給する場合は原則として傷病手当金は支給されません。また、労災保険の給付と同一傷病による障害年金は併給できますが、労災保険の給付の一部が減額されます。

## 障害厚生年金は健康保険の傷病手当金と両方もらえない

　会社員や公務員が病気やけがで会社を休む場合、要件を満たすと健康保険から「**傷病手当金**」（※）が支給されます。これは支給を始めた日から1年6カ月を限度として支給されますが、同一の傷病で「障害厚生年金」を受給する場合、両方を受けることはできません。この間、障害厚生年金が優先支給され、傷病手当金は支給停止されます。ただし障害厚生年金の日額が、傷病手当金の日額に満たない場合は、その差額が支給されます。

　ただし、調整があるのは同一の傷病の場合に限るので、同一傷病でない場合は調整されません。また、障害厚生年金と調整されるのであって、障害基礎年金だけの受給者は同一傷病であっても調整はありません。

## 障害厚生年金は労災保険の給付と両方もらうことができる

　会社員や公務員は勤務中にケガなどをした場合、要件を満たすと「**労働者災害補償保険（労災保険）**」から年金などの給付を受けることができます。労災保険の給付は、同一傷病による障害年金を受給できる場合は、両方を受けることができます。ただし、障害年金はそのまま全額が支給されますが、労災保険から支給される給付は調整率を掛けて減額支給されます。

　この調整も同一の事由の場合調整されるのであって同一の事由でない場合は調整されることはありません。

※傷病手当金（108ページ参照）
　健康保険の被保険者が、病気やケガのために働けなくなり会社を休み、報酬が出ないときに支給される手当金

## 障害年金と健康保険の傷病手当金との調整

◆**同一の傷病の場合**
【障害厚生年金との調整】

傷病手当金の額 ≦ $\dfrac{\text{障害厚生年金の額}^{(※)}}{360}$ → 傷病手当金不支給

傷病手当金の額 > $\dfrac{\text{障害厚生年金の額}^{(※)}}{360}$ → 差額を支給

※同一の事由により障害基礎年金が支給されるときはその合算額

◆**同一の傷病でない場合**
傷病手当金と障害基礎年金、障害厚生年金との調整はなくすべて支給

## 障害年金と労災保険の給付との調整率

障害年金は停止なく支給され労災保険の給付が一部停止される

| 障害年金 | 労災保険 |
| --- | --- |
| 障害基礎年金 | 障害（補償）年金×88％ |
|  | 傷病（補償）年金×88％ |
|  | 休業（補償）給付×88％ |
| 障害厚生年金 | 障害（補償）年金×83％ |
|  | 傷病（補償）年金×88％ |
|  | 休業（補償）給付×88％ |
| 障害基礎年金と障害厚生年金両方 | 障害（補償）年金×73％ |
|  | 傷病（補償）年金×73％ |
|  | 休業（補償）給付×73％ |

# さくいん

## 〈あ〉

アスペルガー症候群 ………41　74
育成医療……………………110
意思疎通支援事業 ……………80
遺族年金……………………158
一般離職者…………………114
移動支援事業 …………………80
永久認定……………………184
エイズ ………………………66
応益負担 ……………………86
応能負担 ……………………86
音声機能障害 …………………52

## 〈か〉

介護給付……………………136
介護保険サービス
　………………137　148　154
学習障害（LD）…………41　74
額の確認請求………………184
下肢機能障害 …………………56
肝硬変 ………………………67
肝臓機能障害 …………………67
機能訓練……………………128
基本手当……………………116
虐待 …………………………26

求職者給付…………………114
共生型サービス……………147
居宅介護……………………138
居宅サービス………………155
技能習得手当………………116
ケアプラン…………………152
計画相談支援 …………………82
言語障害 ……………………52
限定額認定適用証…………102
後遺障害 ……………………98
高額医療・高額介護合算療養費制度
　……………………………104
高額介護サービス費………104
高額療養費制度 …………22　102
高次脳機能障害……………26　40
高次脳機能障害支援センター
　………………………………42
更生医療……………………110
厚生年金……………………158
行動援護……………………140
広汎性発達障害 …………41　74
呼吸器機能障害 ……………62
呼吸不全 ……………………62
国際障害者年 ………………12
国民年金……………………158
雇用就労……………………120

188

## 〈さ〉

再就職手当……………………118
再審査請求……………………182
支援費制度 ……………………13
視覚障害 ………………………48
事後重症請求…………………172
施設サービス…………………155
施設入所支援…………………144
失業認定申告書………………115
失業保険………………………114
児童福祉法 ……………………21　81
自賠責保険 ……………………98
自閉症（スペクトラム）……41　74
社会的行動障害 ………………40
就業促進給付…………………118
就職困難者……………………116
就職促進定着手当……………118
就職手当………………………118
重度障害者等包括支援………138
重度訪問介護…………………138
就労移行支援…………132　134
就労継続支援A型………132　134
就労継続支援B型………132　134
就労定着支援…………132　134
受診状況等証明書………176　178
障害者手帳 …………20　24　28
障害者の権利宣言 ……………12
障害基礎年金…………………168
障害厚生年金…………………170
障害支援区分……………90　92

障害者基本法 ……………12　17
障害者虐待防止法 ……………13
障害者雇用促進法 ………12　120
障害者差別解消法 ………13　120
障害者就業・生活支援センター
　……………………………122
障害者職場適応訓練…………126
障害者自立支援法 ………13　76
障害者総合支援法
　……………13　20　22　76
障害者短時間トライアル雇用制度
　……………………………124
障害者手帳によるサービス ……44
障害者トライアル雇用制度……124
障害者白書 ……………………72
障害福祉サービス
　………20　25　81　137　148
障害児相談支援 ………………82
障害状態確認届………………184
障害状態要件…………………160
障害手当金……………………167
障害認定日……………161　167
障害年金 …………25　158　172
上肢機能障害 …………………54
小腸の機能障害 ………………63
傷病手当金 ………22　108　186
常用就職支度手当……………118
職業訓練校……………………126
初診日
　…………161　162　174　176
初診日要件……………160　162

189

自立訓練‥‥‥‥‥‥‥‥‥‥128
自立支援医療 ‥‥‥‥‥22　110
自立支援給付 ‥‥‥‥‥80　83
人工肛門 ‥‥‥‥‥‥‥‥‥64
人工透析 ‥‥‥‥‥‥‥‥‥60
審査請求‥‥‥‥‥‥‥180　182
心臓機能障害 ‥‥‥‥‥‥‥58
じん臓機能障害 ‥‥‥‥‥‥60
身体障害者雇用促進法‥‥‥‥12
身体障害者手帳
　　‥‥‥‥‥20　25　29　30
身体障害者福祉法
　　‥‥‥‥‥‥‥‥12　21　79
診断書‥‥‥‥‥‥‥‥‥‥178
ストマ ‥‥‥‥‥‥‥‥‥‥64
生活介護‥‥‥‥‥‥‥‥‥142
生活訓練‥‥‥‥‥‥‥128　130
精神障害 ‥‥‥‥‥‥‥‥‥71
精神障害者保健福祉手帳
　　‥‥‥‥20　25　29　37　71
精神通院医療‥‥‥‥‥‥‥110
精神保健福祉法 ‥‥‥‥12　21
精神保健法 ‥‥‥‥‥‥‥‥12
世帯合算 ‥‥‥‥‥‥‥‥102
前立腺がん ‥‥‥‥‥‥‥‥64
相談支援事業‥‥‥‥‥80　82
相談支援事業者 ‥‥‥‥‥‥90
遡求請求‥‥‥‥‥‥‥‥‥172
そしゃく機能障害‥‥‥‥‥52
措置制度 ‥‥‥‥‥‥‥‥‥13

〈た〉

体幹機能障害 ‥‥‥‥‥‥‥53
大腸がん ‥‥‥‥‥‥‥‥‥64
多数回該当‥‥‥‥‥‥‥‥102
短期入所（ショートステイ）‥‥144
地域障害者職業センター‥‥122
地域生活支援事業‥‥‥80　83
地域相談事業 ‥‥‥‥‥‥‥82
地域包括支援センター‥‥‥150
地域密着型サービス‥‥‥‥156
知的障害 ‥‥‥‥‥‥‥‥‥68
知的障害者福祉法 ‥‥‥12　21
注意欠陥多動性障害（ADHD）
　　‥‥‥‥‥‥‥‥‥‥41　74
中心静脈栄養法 ‥‥‥‥‥‥63
聴覚障害 ‥‥‥‥‥‥‥‥‥50
長期高額疾病 ‥‥‥‥‥‥‥60
直腸の機能障害 ‥‥‥‥‥‥64
特定疾病‥‥‥‥‥‥‥104　146
特定受給資格者 ‥‥‥‥‥114
特定理由離職者 ‥‥‥‥‥114
同行援護 ‥‥‥‥‥‥‥‥140

〈な〉

難病患者 ‥‥‥‥‥‥‥79　84
認知障害 ‥‥‥‥‥‥‥‥‥40
認定日請求‥‥‥‥‥‥‥‥172
年金証書・年金決定通知書
　　‥‥‥‥‥‥‥‥‥‥‥180

ノーマライゼーション
　……………………13　14　76

〈 は 〉

発達障害者支援センター
　………………………42　74
発達障害者支援法
　………………13　21　74　79
発達障害者 …………40　74　79
ハローワーク……………………123
バリアフリー法…………………13
ヒト免疫不全ウイルス …………66
病歴・就労状況等申立書 ………178
福祉的就労………………………120
不支給決定通知書………………180
平衡機能障害 ……………………51
ペースメーカ ……………………58
ぼうこうの機能障害 ……………64
報酬比例部分……………………170
訪問看護…………………………106
保険料納付要件
　………………160　164　174
補装具 ……………………………84

〈ま・や・ら〉

マイナンバー ……………………32
慢性閉塞性肺疾患（COPD）
　……………………………62
免疫機能障害 ……………………66

有期認定……………………184
ユニバーサルデザイン …………14
要介護認定……………………152
離職票……………………114
リハビリテーション……………107
療育手帳
　………20　25　29　34　68
療養介護……………………144
労災保険………………100　186
老齢年金……………………158

**監修　鈴木四季（すずき　しき）**
・社会福祉士、精神保健福祉士、主任介護支援専門員、介護福祉士、保育士。
・国立障害者リハビリテーションセンター自立支援局秩父学園附属保護指導職員養成所（旧：国立秩父学園保護指導職員養成所）、埼玉大学教育学部情緒障害教育教員養成課程修了、埼玉大学経済学部社会環境設計学科卒業、ルーテル学院大学大学院人間福祉学研究科博士課程前期卒業（社会福祉学修士）
・1990年頃より、社会福祉協議会、社会福祉法人、医療法人、NPO法人等にて、就学前障害児、心身障害者、高齢者等、おもに地域福祉の実践として居宅介護支援や成年後見等の相談支援に携わる。地域密着型サービス評価調査員の他、地方自治体の地域福祉推進会委員、高齢者保健福祉計画推進会委員、情報公表・個人情報保護審議会委員等を歴任（満期終了）。ふじみ野市法人後見運営委員会委員（2015年〜）。
・日本成年法学会正会員、日本社会福祉士会（埼玉支部権利擁護センターぱあとなあ埼玉正会員。
・2006年、しおん社会福祉士事務所を独立開業（代表取締役）。
・武蔵野大学通信教育学部社会福祉士養成課程「権利擁護と成年後見制度」を担当（非常勤講師）。司法福祉ソーシャルワーカーとして刑事施設（法務省）にて、更生保護支援等に従事（2015年〜）。

●しおん社会福祉士事務所
　居宅介護支援事業部（埼玉県ふじみ野市）／権利擁護支援事業部（埼玉県所沢市）
　メール　vivaldi@mta.biglobe.ne.jp

●第8章（障害年金）執筆　溝口博敬（特定社会保険労務士）

## 身近な人が障害をもったときの手続きのすべて

2018年7月1日　初版第1刷発行
2018年9月25日　初版第2刷発行

| 監修者 | 鈴木四季 |
|---|---|
| 発行者 | 伊藤　滋 |
| 発行所 | 株式会社 自由国民社 |
| | 〒171-0033　東京都豊島区高田3-10-11 |
| | 電話（営業部）03-6233-0781（編集部）03-6233-0787 |
| | 振替 00100-6-189009 |
| | ウェブサイト　http://www.jiyu.co.jp/ |
| 印　刷 | 大日本印刷株式会社 |
| 製　本 | 新風製本株式会社 |
| 編集協力 | 株式会社耕事務所 |
| 執筆協力 | 稲川和子　野口久美子 |
| 本文デザイン | 石川妙子 |
| 本文イラスト | 山下幸子 |
| カバーデザイン | JK |

落丁・乱丁本はお取替えします。
本文・写真などの無断転載・複製を禁じます。
定価はカバーに表示してあります。